개와 고양이를 위한
반려동물
영양학

개와 고양이를 위한
반려동물
영양학

초판 1쇄 발행 | 2018년 2월 14일
초판 9쇄 발행 | 2025년 3월 26일

지은이 | 왕태미
펴낸이 | 김의준
책임편집 | 박현주
디자인 | 지선 디자인연구소
마케팅 | 조아름

펴낸곳 | 주식회사 어니스트펫
출판등록 | 2017년 6월 21일 제2017-000042호
주소 | 서울시 성동구 연무장11길 10 2층 2026호 (성수동2가 우리큐브)
전화 | 070-7723-7574   **팩스** | 02-6499-7574
이메일 | pmzine@naver.com
블로그 | blog.naver.com/pmzine
페이스북 | www.facebook.com/petmagazine.kr

ⓒ 2018 왕태미

값 18,000원
ISBN | 979-11-962564-0-1   13490

- 잘못된 책은 바꿔 드립니다.
- 이 책의 내용 일부 또는 전부를 재사용하려면 사전에 저작권자 및 어니스트북스의 동의를 얻어야 합니다.

개와 고양이를 위한
반려동물 영양학

왕태미 지음

어니스트북스

강의를 시작하기에 앞서

　　한국인 남편과 결혼해서 2006년에 한국에 왔으니 이곳에서 산 세월이 어느덧 10년이 넘었다. "안녕하세요"와 "감사합니다"라는 말밖에 할 줄 모르면서 한국에서 살게 되었고, 친구도 없던 그 시절 남편은 내가 외로워 보였는지 작고 앙증맞은 요크셔 테리어 '피피'를 입양해 주었다. 그때부터 언어가 필요 없는 가장 친한 친구이자 사랑스러운 가족이 내게도 생겼다. 혼자 있는 첫째 아이가 외로워 보여 1년도 안 되어 요크셔 테리어 한 마리를 더 입양했다.
　　강아지 두 마리를 기르면서 크고 작은 병치레를 겪었고 그때부터 반려견의 건강을 위해 최선을 다해 주고 싶은 마음이 들었다. 그런 희망은 곧 결심으로 바뀌었고 서울대 수의대에 입학하는 일생일대의 전환점이 되어 돌아왔다.

대만에서 태어나 생물화학 학부를 졸업하고 미국에서 영양학 석사까지 받았지만 한국에서 수의학 공부를 시작할 당시 제일 큰 장벽은 언어였다. 언어를 극복하기 위해서 날마다 영어 교과서로 예습을 하여 학교 수업을 듣고, 집에 돌아와서는 한국어 책으로 공부했다.

어느덧 노력이 결실을 맺어 마침내 수의대를 졸업하고 대한민국 수의사 자격증을 얻었다. 그 시절을 생각하면 눈물이 날 정도로 힘들었던 기억이 가득하지만 이제는 매우 소중한 시간으로 남아 있다. 공부할 당시 교수님들은 내 이력을 보면서, 영양 전문 수의사는 한국뿐 아니라 세계적으로도 많지 않으니 열심히 해서 꼭 영양 전문 수의사가 되면 좋겠다고 조언해 주셨다.

반려동물 영양학을 공부하면서 나는 우선 나의 반려견들의 음식을 직접 만들어 먹이기 시작했다. 그러나 만들어 보면 볼수록 영양이 완벽한 음식을 만들기란 어렵다는 사실을 알게 되었고, 일반인은 거의 불가능하지 않을까 하는 생각까지 들었다. 반려동물을 사랑하는 사람들을 위해 내가 할 수 있는 일이 무엇일지에 대한 고민의 시작이었다.

수의대를 졸업한 후 나는 충현동물병원에서 임상 수의사로 근무했다. 그때 특별한 질병이 있는 환자를 위해 간단한 식단을 처방하기도 하고 집에서 어떻게 음식 관리를 해야 할지에 대해 상담도 해드렸다.

당시 진료를 볼 때 어려웠던 부분은 보호자가 반려동물을 사랑하는 마음과 달리 실천하는 방법이 잘못되었다는 사실을 말해 주는 것이었다. 자식 같은 반려동물에게 사랑의 표현으로 맛있는 것을 먹이고 싶어하는 보호자들의 심정은 이해하지만, 그들은 잘못된 식습관이 결국 반려동물의 건강을 해친다는 사실을 잘 받아들이려 하지 않았다. 보호자를 설득해서 음식을 바꾸려고 해도 이미 질병에 걸린 반려동물이 많았고, 그런 상황에서 음식 습관을 바꾸기는 더욱 어려웠다. 결국 많은 보호자가 중도에 포기해 버렸다.

나는 더 늦기 전에 반려동물 보호자들이 음식 주는 습관을 바꿀 수 있도록 노력하리라 결심했다. 그래서 사료 회사에 들어가서 보호자 또는 영양학을 깊게 배우지 않은 수의사들을 위해 정확한 반려동물 영양 지식을 전파하고자 노력했다. 이곳에서 근무하면서 많은 수의사, 수의 테크니션, 그리고 보호자를 대상으로 수의영양학 강의를 했다. 그리고 사료를 만드는 것에 대해 더 많이 배우고 상담하면서 사람들이 사료에 대해 많이 오해하고 있다는 점도 알게 되었다.

이후 더 정확하고 공정한 지식을 전달하고 싶다는 마음에 사료 회사를 떠났고, 영양학 박사 과정을 공부하면서 사료 회사의 입장을 배제한 객관적인 입장에서 새롭게 강의를 시작하였다. 지금은 자문 역을 맡아 최대한 많은 사람들에게 정확한 영양학 정보를 전달하려고 노력하고 있다.

현재 우리 집에는 반려견 세 마리, 반려묘 한 마리가 살고 있다. 나는 부모의 입장에서, 그리고 영양학에 올인(All in) 한 수의사로서 이들을 돌보며 함께 살고 있다.

이 책은 내 자식을 사랑하는 마음을 담아서 쓴 것이다. 이 책을 읽는 수의사, 수의 테크니션 그리고 보호자들이 좀 더 정확한 영양학 정보를 반려인들에게 많이 알려주기 바란다. 이로 인해 더 많은 반려동물이 그들의 보호자와 함께 행복하기를 진심으로 바란다.

한국어로 책을 출판하며 여러 가지 어려움이 많았지만 옆에서 조언과 도움을 아끼지 않고 베풀어 주신 분들께 진심으로 감사 드린다. 특히 옆에서 항상 응원해 준 가족들과 서울대학교 수의학과 서강문 교수님, 서울대학교 영양학과 신동미 교수님, 충현동물병원 강종일 원장님, 황금동물병원 오원석 원장님, 전 WSAVA 회장 욜라 클푸스텐 님, 펫매거진 김의준 PD님께 감사의 인사를 드린다.

2018년 2월

왕태미

추천의 글_ 하나

　　　　　　　　이 책은 반려동물 가운데 특히 개와 고양이의 영양에 대한 매우 중요하고 필수적인 정보를 제공하고 있습니다. 저자인 왕태미 선생은 한국 수의계에 떠오르는 유명 인사로, 영양학에 대한 전문성을 바탕으로 강연 활동을 펼쳐 왔으며, 전문적으로 영양학을 다루고자 하는 수의사들에게도 좋은 교육 프로그램을 제공해 왔습니다.

　저자는 수의영양학을 전공했을 뿐만 아니라 직업을 통해서도 많은 수의영양학 경험을 쌓아 왔습니다. 이런 경험을 바탕으로 이제는 한국에서 아직 생소한 수의영양학 박사 학위를 취득하기 위한 연구 활동을 수행하고 있습니다. 그러므로 경험과 전문성을 바탕으로 쓰인 이 책은 수의사를 훈련시키는 데 절대적으로 필요한 내용을 담고 있다고 하겠습니다.

처음 네 개의 챕터는 성장한 개와 고양이, 강아지와 새끼 고양이 그리고 노령 동물의 영양 균형에 대한 설명에 중점을 두었습니다. 실제로 영양 생리학은 반려동물의 건강과 보호자의 행복을 유지하는 데 중요한 역할을 합니다.

이후 챕터에서는 우리의 반려동물에게 해가 되는 질병과 그 근원이 되는 영양소의 역할에 대하여 이야기함과 동시에 수의사들의 치료 방향과 다양한 치료 방법에 대한 가이드라인을 제시하고 있습니다. 비만 반려동물의 체중을 줄이는 기전, 피부과 및 비뇨기과 분야의 문제와 이에 대한 영양 솔루션, GI장애 및 당뇨병, 신장, 심장 및 간 이상을 비롯한 일반적인 질병에 대한 식이 처방이 소개되어 있습니다.

저자는 영양에 대한 솔루션을 명쾌하게 설명하고 있으며 특정한 편견 없이 과학적 근거를 기반으로 이야기하고 있기 때문에 수의학과에서 이 책을 사용하는 것은 매우 훌륭한 선택이라고 생각합니다. 쉽게 읽을 수 있으며 특정 질병을 치료할 때 영양소가 중요한 이유를 명확하게 설명합니다. 우리가 사랑하는 반려동물의 균형 잡힌 영양에 대한 완벽한 개관과 소개이기 때문에 이 책을 강력히 추천하지 않을 수 없습니다. 또한 소개하는 정보가 모든 반려동물 환자에게 필요한 올바른 영양 공급에 대한 결정을 내리는 데 도움이 되므로 독자 여러분의 임상에 이 책의 정보를 바로 적용할 수 있을 것입니다.

반려동물 영양은 수의학 실습의 초석입니다. 수의사 여러분의 동물병원을 찾는 모든 환자가 영양에 대한 진단과 평가를 기본으로 받는다면 더

욱 건강하고 행복한 삶을 살아갈 수 있기에 영양 상담은 꼭 필요한 진료의 한 파트라고 강력히 믿고 있습니다. 내원한 반려동물의 영양 평가는 실제로 호흡, 맥박, 체온, 혈압에 이은 다섯 번째 바이탈 사인이라고 감히 말씀드리고 싶습니다.

    다시 한 번 도서의 발간을 축하 드리며, 이 책을 읽는 시간이 독자 여러분에게도 재미있고 의미 있는 시간이 되길 기원합니다.

욜라 클푸스텐(Jolle Kirpensteijn)
(전)세계소동물수의협회(WSAVA) 회장
(현)세계수의종양외과협회 회장

추천의 글_ 둘

　　　　　　　　　우리나라뿐 아니라 해외에서도 '안전 먹거리'에 대한 연구와 논쟁이 끊이지 않고 있습니다. 비단 사람만의 문제가 아니라 반려동물 먹거리에 대한 이슈도 점차 커지고 있습니다. 특히 최근 10여 년 사이에 반려동물 관련 문화의 선진화, 동물 보호자들의 의식 수준 향상이 이루어졌고 더불어 수많은 중소기업과 대기업이 반려동물 사료와 간식 시장에 뛰어들어 무한경쟁을 펼치고 있습니다.

　그러나 시대가 급속도로 발전해 가는데도 불구하고 여전히 먹거리 관련 사건사고들이 빈번하게 일어나고 있는 것이 현실입니다. 5~6년 전부터 전국에 300여 개 이상의 수제 사료와 간식(집에서 만드는 간식 포함) 업체가 성황을 이루고 있지만 정부의 규제는 아직까지 체계가 잡히지 않은 상태입니다. 동물병원협회나 수의사회 차원에서도 안전 먹거리 관련 교육이 이제 막 시작된 상황입니다.

이렇게 국내외적으로 개 고양이를 위한 임상 영양학의 중요성이 나날이 증대되고 있는 가운데, 왕태미 뉴트리션 연구소 왕태미 대표의 열정과 노력으로『개와 고양이를 위한 반려동물 영양학』이 출판되었으니 다행한 일이 아닐 수 없습니다.

왕태미 대표는 국립대만대학교 생물화학과 학사, 미국 메릴랜드주립대 영양학 석사를 거쳐 서울대 수의학과 졸업과 함께 임상수의사의 경력을 가지고 힐스펫뉴트리션(Hill's Pet Nutrition Korea)의 수의 학술 팀장(Vet Affairs Manager)의 역할을 훌륭히 해냈습니다. 현재 서울대학교 영양학 박사 과정 연구와 동시에 왕태미 뉴트리션 연구소 대표로서 편찬한 서적이기에 그 의미가 더 크다고 할 수 있습니다.

저자는 지난 20년간 전국의 임상의들, 동물 보호자들 그리고 수의과대학 학생들을 위한 임상 영양학 관련 강의나 컨설팅을 해오면서, 개와 고양이 질병에 대한 치료 학문의 핵심 중 하나인 임상 영양학의 중요성을 인식하게 되었습니다. 특히 수제 식사 및 처방식에 대한 국문 서적이나 정보가 매우 부족하여 임상의나 동물 보호자들 모두가 여러 가지 혼선과 어려움을 겪고 있다는 점을 잘 알고 있습니다. 따라서 이번 저서는 수의사뿐만 아니라 개와 고양이를 기르는 모든 분들께 매우 유익한 서적이 될 것입니다.

끊임없는 노력과 열정으로 국내 수의영양학 발전에 공헌하고 있는 왕태미 대표에게 지면을 통해 다시 한 번 감사의 인사를 전하며, 앞으로도 세계 수의영양학 발전에 크게 기여하기를 기대합니다.

수의학 박사 오원석

오원석황금동물병원 노령동물힐링센터 & 동물피부클리닉 원장

차례

- 04 • 강의를 시작하기에 앞서
- 08 • 추천의 글_하나
- 11 • 추천의 글_둘

개와 고양이의 영양 생리학

- **22 • 개의 영양 생리학**
- 22 • ❶ 구강 구조와 감각
  동물 뼈로 치아를 관리한다고?
- 25 • ❷ 위
  개는 하루에 몇 번 밥을 먹어야 할까?
- 27 • ❸ 소장과 대장
  프로바이오틱스
  장의 길이와 키의 비례를 통해 소화 능력을 판단할 수 있다
- 28 • ❹ 개는 잡식동물이다
- 30 • Honey Tips 신장 혈액 검사 수치 알아보기
- **31 • 고양이의 영양 생리학**
- 32 • ❶ 구강 구조와 감각
  어릴 때부터 다양한 음식을 주는 것이 좋다
- 34 • ❷ 위
- 34 • ❸ 소장과 대장

개와 고양이를 위한 필수 영양소

- **38 • 6가지 필수 영양소**
- 38 • ❶ 물
- 38 • ❷ 탄수화물
  사료 영양소 함량 표시 방법
  고양이의 혈당 유지 방법
- 42 • ❸ 단백질
  필수 아미노산
  최소 단백질 권장량
- 45 • ❹ 지방
  최소 지방 권장량
  포화지방산과 불포화지방산
- 47 • ❺ 비타민
  비타민 B_1(티아민) 결핍
- 49 • ❻ 미네랄

CHAPTER 3

어린 반려동물의 영양 관리

- 54 • **어린 반려동물의 필수 칼로리와 영양**
- 55 • ❶ 성장에 따른 일일 대사량 계산하기
- 58 • ❷ 성장기의 필수 영양소
- 58 • ❸ 성장 중 주의해야 할 영양소
  대형견의 칼슘 섭취량
  임신이나 수유 기간, 어미 개의 영양소 권장치
- 61 •  성장이 끝나면 반드시 사료를 바꾸자
  임신이나 수유 기간, 어미 고양이의 영양소 권장치

- 63 • **음식 습관 들이기**
- 63 • ❶ 적게 먹이면 작아지는가?
- 64 • ❷ 바람직한 음식 습관 들이기
- 65 • ❸ 올라이프스테이지(All Life Stage) 사료란?

CHAPTER 4

노령 동물의 영양 관리

- 68 • **노령의 정의**

- 71 • **노령 동물의 영양 관리**
- 71 • ❶ 물
  반려동물도 우유를 마실 수 있나?
- 74 • ❷ 단백질
- 74 •  반려견의 보양식 북어
- 75 • ❸ 칼로리 관리
- 75 • ❹ 오메가3
- 78 • ❺ 그 외 중요 영양소
  식이섬유
  항산화제
  중사슬 지방산(중쇄 지방산)

건강을 해치는 보이지 않는 적, 비만

- 82 • **반려동물의 비만 현황과 평가 기준**
- 83 • ① 비만의 평가 기준
- 85 • ② 개와 고양이의 표준 체형 판정
- 85 • ③ 우리 강아지가 비만이라면?
  요요현상

- 87 • **다이어트를 위한 식습관**
- 88 • ① 견종별 다이어트
- 90 • ② 고양이 다이어트의 사례

- 93 • **사료 관리**
- 93 • ① 다이어트 처방 사료, 진짜 효과가 있을까?
- 94 • ② 일반 사료를 적게 주면 안 될까?

- 96 • **걸식과 운동**
- 96 • ① 자주 걸식을 할 때는 어떻게 해야 하나?
- 97 • ② 다이어트 할 때는 운동도 많이 시켜야 하나?
- 97 • **Honey Tips** 급여자가 여러 명인 경우에는 중성화 수술 후 비만이 더 많이 생기는 이유는 무엇일까?

음식 알레르기의 진단과 치료

- 102 • **알레르기의 증상과 종류**
  피부가 가려우면 다 음식 때문인가?

- 105 • **진단**
- 105 • ① 항체를 형성할 수 있는 두 가지 조건
- 106 • ② 4단계 진단 방법

- 108 • **치료**
- 108 • ① 몸에서 항체를 형성하지 않는 음식을 먹인다
- 109 • ② 음식 중의 단백질을 작게 만든다
- 111 • ③ 소화를 도울 수 있는 음식을 제공한다

CHAPTER 7
비뇨기 결석의 예방 및 영양 관리

- 114 • **결석의 개요와 발생 빈도**
- 114 • ❶ 개요
- 115 • ❷ 발생 빈도
- 117 • **예방을 위한 영양 및 생활 지침**
- 117 • ❶ 물
  항상 깨끗한 물을 제공한다
  올바른 급수기의 선택
  맛이 나는 물
- 119 • ❷ 소금
- 120 • ❸ 단백질
- 121 • ❹ 수산
- 122 • ❺ 칼슘
- 123 • ❻ 비타민 C
- 123 • ❼ 요 pH
- 124 •  음식으로 스트루바이트 용해하기
- 125 • ❽ 기타 요소
  세균 감염
  배뇨 습관

CHAPTER 8
소화기 질환의 영양 관리

- 130 • **위장염**
- 131 • ❶ 5가지 영양 관리 원칙
  물
  미네랄
  지방
  식이섬유
  소화 잘 되는 음식
- 134 • **Honey Tips** 48시간 이상 금식 시키지 말자
- 135 • **변비**
  거대 결장
- 136 • ❶ 4가지 영양 관리 원칙
  물
  식이섬유
  프로바이오틱스와 프리바이오틱스
  소화가 잘 되고 분변의 양을 줄일 수 있는 음식
- 140 • **Honey Tips** 분변의 점수, 분변을 잘 관찰하여 건강을 지키자
- 142 • **췌장염**
- 143 • ❶ 4가지 영양 관리 원칙
  지방
  단백질
  항산화제
  소화 잘 되는 음식

신장병의 예방 및 영양 관리

- **148** • **검진과 예방**
- **148** • ❶ 검진
- **150** • ❷ 예방

- **152** • **영양 관리**
- **152** • ❶ 요독증이 나타나지 않게 한다
  단백질
- **153** • ❷ 신체 수화 상태를 유지한다
- **154** • ❸ 정상 신체 전해질 상태를 유지한다
  인
  소금
  칼륨
- **156** • ❹ 충분한 에너지를 제공한다
- **157** • ❺ 신장 손상의 속도를 지연시킨다
  오메가3
  항산화제
  비타민 B 복합체
- **158** • ❻ 혈액 검사 결과가 정상 수치가 되면 일반 음식을 먹여도 될까?

간 질환과 담석의 예방 및 영양 관리

- **162** • **간 질환의 개요**

- **163** • **지방간**
- **164** • ❶ 영양 관리
  충분한 단백질과 필수 아미노산
  충분한 지방
  지방 대사 촉진
  미네랄의 평형

- **167** • **간부전**
- **168** • ❶ 영양 관리
  충분한 단백질
  지방
  소금 제한
  항산화제
  가용성 식이섬유
  비타민 보충

- **172** • **담석, 담즙찌꺼기, 담즙울체**
- **173** • ❶ 담낭 제거 수술 후의 영양 관리

심장 질환의
영양 관리

- **178** • 증상

- **180** • 영양 관리
  소금
  타우린
  기타 영양소

당뇨병의 예방 및
영양 관리

- **186** • 증상
  왜 당뇨병이라고 부를까?

- **188** • 영양 관리
  물
  탄수화물
- **190** • **Honey Tips** 당뇨 환자의 체중 관리
  식이섬유
  지방
  단백질

- **193** • 부록 1 | 반려동물과 암
- **203** • 부록 2 | 반려동물에게 해로운 음식

개와 고양이의 영양 생리학

개의
영양 생리학

❶ 구강 구조와 감각

개는 총 42개의 치아를 가지고 있다(사람은 28~32개). 대부분의 치아가 날카롭지만 어금니의 표면은 서로 접촉할 수 있는 면적이 있다. 턱은 위아래로만 이동이 가능하고 양측으로는 거의 움직이지 못한다. 그래서 채소, 곡물 등 씹는 동작이 필요한 음식은 소화가 잘 되지 않을 수 있다.

개도 사람처럼 침을 분비하지만 개의 침에는 소화 효소인 아밀라아제(Amylase)가 없다. 사람의 침에는 탄수화물을 소화할 수 있는 이 효소가 있기 때문에 밥이나 식빵을 씹으면 씹을수록 단맛을 느끼지만, 개는 사람만큼 강하게는 맛을 느끼지 못하며 치아 구조 때문에 음식을 오래 씹지 않는다. 즉, 개는 사람이 느낄 수 있는 맛을 다 느낄 수 있지만 구강에서 맛을 느낄 수 있는 미뢰가 사람보다 적다. 그러나 후각을 느낄 수 있는 후각수용기는 사람보다 훨씬

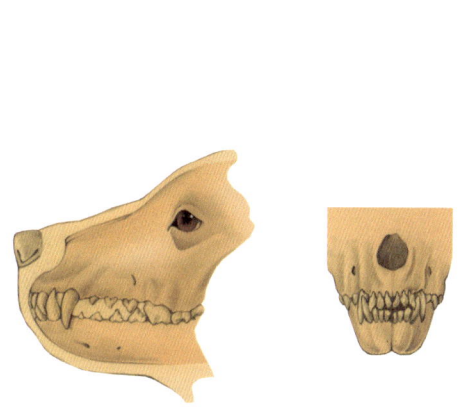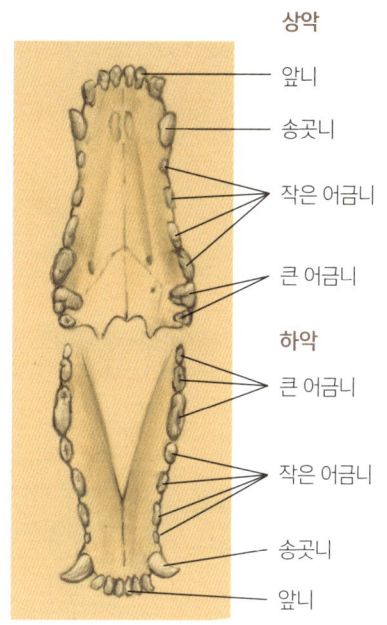

구분	앞니	송곳니	작은 어금니	큰 어금니
위턱	3	1	4	2
아래턱	3	1	4	3

(좌우 대칭으로 한 쪽만 표기)

개의 치아 분포

많아, 개의 경우 음식의 맛보다 냄새가 더 중요하다고 판단할 수 있다.

개는 단맛, 고기 맛, 지방 맛, 그리고 짠맛을 좋아한다. 건사료보다 캔사료의 냄새가 강해서 대부분의 반려견은 캔사료를 더 좋아하니 식욕이 좋지 않을 때는 캔사료를 추천한다. 또한 음식이 따뜻하면 분자 활동이 더 강해지므로 가열하여 냄새로 개의 식욕을 증진시킬 수 있다.

구분	미각(미뢰 수)	후각(후각 수용기)
사람	9,000	5,000,000
개	1,700	300,000,000
고양이	470	80,000,000

사람, 개, 고양이의 미각과 후각 차이

개가 좋아하는 음식의 특징	고양이가 좋아하는 음식의 특징
수분이 많은 캔사료	익숙한 재료
알갱이가 더 큰 건사료	깔끔하고 바삭한 알갱이
짠맛(특히 수분 많은 캔사료)	짠맛
단맛	고기 맛
고기 맛	지방 맛
지방 맛	(고양이는 단맛을 모른다.)

개와 고양이가 좋아하는 음식의 차이

동물 뼈로 치아를 관리한다고?

날마다 사람처럼 양치하기가 어렵다며 '동물의 뼈'로 개의 치아 관리를 하고 있다는 보호자를 종종 보게 된다. 개의 치아가 날카로우므로 동물 뼈를 씹으면 치아 위에 있는 치태와 치석을 자연스럽게 제거할 수 있다고 주장하는 것이다. 하지만 이는 아주 위험한 행동이다.

모든 개의 치아가 동물 뼈를 깨부술 만큼 튼튼한 것은 아니다. 뼈를 씹다가 오히려 개의 치아가 깨질 수도 있다. 그리고 충분히 잘게 깨지 못한 뼈 조각을 삼키게 되면 소화관이 막힐 수도 있다.

뼈 조각이 개의 식도를 막으면 수의사가 X-ray로 상태를 확인한 후에 적절한 기구를 사용해서 빼내거나 위로 밀어 낼 수 있다(보호자가 직접하기에는 위험하므로 반드시 병원에 가야 한다). 그러나 밀어냈다 해도 개의 위산 분비량은 단백질 총량에 따라 달라지는데 뼈만 있을 경우 위산 분비가 많지 않아 분해하는 힘도 약하다. 고기를 많이 먹는 개의 위산은 pH 1까지 될 수 있지만 일반 사료의 경우 pH4에 머물수도 있다(참고로 사람의 위산도 개와 비슷한 1에서 3.5 사이다). 심각한 경우 소장이 막히게 되면 개복 수술로 뼈를 제거해야 한다.

장이 막히는 것보다 더 위험한 것이 바로 소화기 천공이다. 동물 뼈(특히 닭뼈)가 깨지면서 뾰족한 부분이 소화관을 찌르면 상처가 나거나 천공이 생길 수 있다. 천공으로 소화관에 있는 세균이 복강에 들어가 복막염을 일으키면 생명을 잃을 수도 있다. 치아의 치석을 제거하겠다고 동물 뼈를 주다가 개의 생명까지 잃을 수도 있다는 사실을 명심하자. 얻는 것보다 잃는 것이 많다.

시중에 치아를 관리할 수 있는 사료와 간식이 판매되고 있으니 이쪽을 이용하자. 미국 수의 구강 협의회(VOHC, Veterinary Oral Health Council)에서 치아 관리 효과가 과학적으로 증명된 제품에 인증을 해주고 있다. 포장지에 다음과 같은 인증 마크가 있으면 믿고 구입해도 된다.

❷ 위

개의 위는 확장력이 커서 음식을 한번에 많이 먹을 수 있다. 체중에 따라 킬로그램당 30~35g의 음식을 섭취할 수 있고, 품종에 따라 1~9L까지의 위 용량을 갖는다. 음식을 먹지 않을 때의 위산 분비는 사람보다 적어서 위산 과다 분비 때문에 위궤양이 일어나는 일은 없다. 그러나 사람에게 위염, 위암을 유발하는 헬리코박터균(Helicobactor)은 개에게도 감염될 수 있으므로, 사람이 입으로 먹고 난 음식을 개에게 주지 않는 편이 안전하다. 음식을 나눠 먹고 싶다면 칼로 잘라서 나누기 바란다.

개는 하루에 몇 번 밥을 먹어야 할까?

개는 사람처럼 끼니를 챙겨 식사를 하는 동물이다. 그러므로 자유 급식은 좋지 않다. 자유 급식을 하게 되면 조금만 배가 고파도 음식을 먹게 되어, 결국 끼니가 없어지고 과식을 하게 되기 때문이다. 뿐만 아니라 항상 곁에 음식이 있으면 그것을 소중하게 여기지 않기 때문에 입맛을 더 까다롭게 만들 수 있다. 결국 사료를 싫어하게 될 수 있다.

소화력이 떨어지는 강아지와 노령견을 제외하고는 하루 2번, 정해진 시간에 같은 양의 음식을 주는 것이 좋다. 그리고 빨리 먹지 않으면 바로 치워 버려서 계속 음식을 놔두지 않는 편이 좋다. 이렇게 하면 음식은 선택해서 먹는 것이 아니라 먹을 수 있을 때 소중하게 먹어야 한다는 것을 반려견에게 알려 줄 수 있다. 또한 식사량을 확인하면서 반려견의 건강 상태도 진단할 수 있다.

음식을 잘 먹던 반려견의 식사량이 갑자기 줄어든다면 빨리 병원에 데리고 가서 확인해야 한다. 몸이 아프면 식욕 부진이 나타날 수 있으니 방심해서는 안 된다. 특히 한 마리 이상의 반려견을 키우는 경우 더더욱 자유 급식을 하면 먹는 양을 확인하기 어려워 개들의 식욕이 감소하는 것을 놓칠 위험이 있다.

❸ 소장과 대장

개의 장 기능은 일반적인 잡식동물의 기능과 유사하다. 소장에 있는 효소를 통해서 음식 속에 있는 탄수화물을 소화시키는 비율이 매우 높다.

해부학적 구조상 개의 대장은 사람의 대장과 같이 상행(Ascending), 횡행(Transverse) 그리고 하행(Descending)의 세 부분으로 이루어져 있다. 사람처럼 대장에 세균이 많이 서식하고 있지만 세균의 종류는 다르다. 동물마다 장 내 환경이 다르기 때문에 장 내에서 살아남을 수 있는 세균의 종에는 다소 차이가 있다. 그래서 사람에게 좋은 '프로바이오틱스'가 개에게는 전혀 효과가 없을 수도 있다. 요즘 들어 개의 유익균에 관한 연구가 많이 이루어지고 있으므로 개를 위한 더 좋은 프로바이오틱스 제품이 나올 것으로 기대한다.

프로바이오틱스(Probiotics)

건강에 유익한 효과를 주는 미생물이다. 락토바실러스, 비피도박테리움 등이 있다. 대부분 당류를 발효해 에너지를 얻고 다량의 락트산을 만드는 유산균으로 이루어져 있다. 이런 미생물은 주로 대장에 서식하면서 소장에서 소화하지 못하는 탄수화물을 사용하여 대장 세포에 에너지를 제공하고, 병원균과 싸우는 등 질병의 예방에도 효과적이다.

장의 길이와 키의 비례를 통해 소화 능력을 판단할 수 있다

장이 길이 길면 길수록 먹은 음식을 소화하는 시간이 길어지고 소화율이 높아진다. 대부분의 초식동물은 장 길이와 키를 비교할 때 장의 길이가 훨씬 길다. 토끼의 경우 10대1, 말과 소는 12대1과 20대1로 알려져 있다. 이렇게 장이 길다 보니 복잡한 탄수화물인 나무까지 소화할 수 있다. 하지만 대표적인 육식동물인 고양이는 4대1 수준으로 장과 키의 비례가 개보다 짧다. 그래서 소화에 걸리는 시간이 짧을 뿐 아니라 복잡한 탄수화물 음식을 소화하지 못한다.

개의 장 길이와 키의 비례는 6대1이다. 이는 초식동물과 육식동물의 중간 정도 수치로, 탄수화물을 소화할 힘은 있지만 초식동물보다는 약하다. 참고로 사람의 장 길이와 키의 비례는 대략 7대1이다.

❹ 개는 잡식동물이다

호랑이와 사자로 대표되는 육식동물은 고기를 주식으로 섭취한다. 잡식동물의 대표로 꼽히는 사람과 돼지는 고기뿐 아니라 채소와 과일 등 식물도 함께 섭취한다. 생물 분류에서 개와 고양이는 모두 식육목에 속하지만 소화 생리 구조와 신체 대상을 분석해 보면 개는 잡식동물, 고양이는 육식동물로 결론이 난다.

개가 잡식동물인 이유

1. 개의 어금니는 채소를 자를 수 있는 표면을 가지고 있다.
2. 개는 탄수화물을 소화시킨다.
3. 야생의 개나 개의 조상인 늑대도 채소나 과일을 섭취한다.
4. 개의 혈당은 육식동물처럼 단백질로 유지하는 것이 아니라 주로 음식과 체내 저장된 탄수화물로 유지한다.

인터넷에서 많은 이들이 개가 육식동물이라고 주장하고 있지만 고기뿐 아니라 채식을 소화하고 대사를 할 수 있다면 잡식동물로 보는 것이 맞다. 늑대와 야생에서 사는 개 역시 과일과 채소를 먹는 습관을 가지고 있으므로 잡식동물에 더 가깝다.

문제는 치아이다. 고양이에 비하면 덜 날카롭지만 잡식성 동물인 돼지나 사람에 비하면 어금니가 그다지 평평하지 않아 음식 씹는 능력이 그리 좋지 않다. 그래서 개를 위한 음식을 만들 때는 많이 씹지 않아도 되도록 재료를 작게 자르는 것이 좋다. 특히 옥수수, 현미 등 전곡을 주고 싶으면 개가 음식을 잘 씹지 않는 특징을 고려해 작게 자르거나 믹서로 갈아 주는 것이 좋다.

잡식동물의 음식은 주원료가 고기와 식물이다. 단백질 섭취량은 너무 많으면 신체에 부담이 될 수 있다. 필자의 개가 두 살 때 단백질 함량이 높은 사료를 먹여 보았더니 혈액 검사에서 신장 수치를 알려주는 BUN 지수가 빨간색으로 표시되었다. 음식 중에 있는 단백질이 너무 많은 것으로 판단하여 단백질 함유량이 적은 사료로 바꾸었더니 이후로는 BUN 수치가 높게 나타나지 않았다.

이처럼 단백질을 장기간 필요 이상으로 많이 먹이면 신장에 부담을 주게 될 뿐 아니라 단백질 대사에 관여하는 간에도 부담이 커질 수 있다. 반려동물의 나이가 많지 않을 때는 신체 대사가 활발하므로 큰 문제가 없을 수도 있지만, 나이가 들면서 대사 능력이 약해지면 장기간 초과 섭취된 단백질이 간이나 신장을 해칠 수 있음을 기억하자.

신장 혈액 검사 수치 알아보기

신장은 강낭콩 모양을 한 장기로 혈액 및 노폐물을 여과하는 역할을 한다. 신장이 여과를 제대로 하고 있는지 판별하는 방법은 3가지의 혈청화학검사가 있다.

BUN(Blood Urea Nitrogen, 혈액요소질소)

BUN 검사를 통해 요소 노폐물을 측정할 수 있다. 단백질을 너무 많이 섭취할 때, 물을 충분히 마시지 않을 때, 그리고 간의 기능이 떨어졌을 때 수치가 높게 나타날 수 있다. 개의 정상 범위는 6~25mg/dl, 고양이의 정상 범위는 14~36mg/dl이다.

Creatinine(크레아티닌)

근육 속에 있는 크레아틴에서 생성되는 물질인 크레아티닌의 요 중 배설은 사구체 여과치에 비례하므로 그 혈중 농도를 신장 기능의 지표로 사용하고 있다. 근육 양의 차이에 따라서 약간의 차이가 있지만 개 1.4mg/dl 이상, 고양이 1.6mg/dl 이상의 수치일 때 신기능부전이 있다고 본다.

SDMA(Symmetric Dimethylarginine)

위의 두 혈액 검사 방법은 양쪽 신장이 75% 이상 파괴된 후에야 비로소 수치상으로 관찰할 수 있지만 새로운 SDMA 검사는 신장 기능이 40%가량 소실되었을 때부터 발견할 수 있다. 14μg/dl 이상의 결과가 나타나면 신장 기능이 소실되기 시작했다는 뜻이며, 그때부터라도 식이를 조절하면 악화 속도를 늦출 수 있다.

(이상의 수치는 측정 기계에 따라 정상 범위가 다를 수 있으니 참고할 것)

고양이의
영양 생리학

    고양이가 사람의 반려동물로 자리잡은 역사는 개보다 짧고 이는 한국에서도 마찬가지이다. 최근 들어 우리나라에서도 고양이 열풍이 불면서 고양이에 대한 관심이 높아지기 시작했다. 아직까지 반려동물의 85% 정도를 개가 차지하고 있지만 고양이 입양의 증가 속도는 개보다 훨씬 더 빠르기 때문에 한국도 다른 나라처럼 개보다 고양이가 더 많아지는 시기가 올 수도 있지 않을까 한다. 그러나 반려인들이 적극적으로 고양이를 키우기 시작한 시간이 개보다 늦다 보니 고양이 관련 연구가 개보다 적다.

    여기에 서술하는 내용은 지금까지의 연구 결과를 바탕으로 정리한 것이다. 최신 연구 결과에 따라서는 내용이 바뀌었을 수도 있다는 것에 대해 양해를 부탁한다(과학은 계속 발전하는 학문이며 특히 영양학은 오늘의 진리가 내일의 거짓이 되기도 한다).

1 구강 구조와 감각

고양이의 치아는 총 30개이다. 작고 날카롭지만 음식을 씹는 힘은 거의 없고 자르기만 한다. 그러므로 곡물, 채소 등 씹어야 먹을 수 있는 음식은 충분히 손질하지 않으면 먹어도 소화할 수 없다. 또한 고양이는 단맛의 미뢰를 가지고 있지 않아서 단맛을 전혀 느끼지 못하기 때문에 개와 달리 단 음식에 관심이 없고, 전체 미뢰 수 자체가 개보다 적어서 맛에 대해 잘 평가하지 못한다.

고양이의 후각은 개보다는 못하지만 사람보다 좋기 때문에 개와 마찬가지

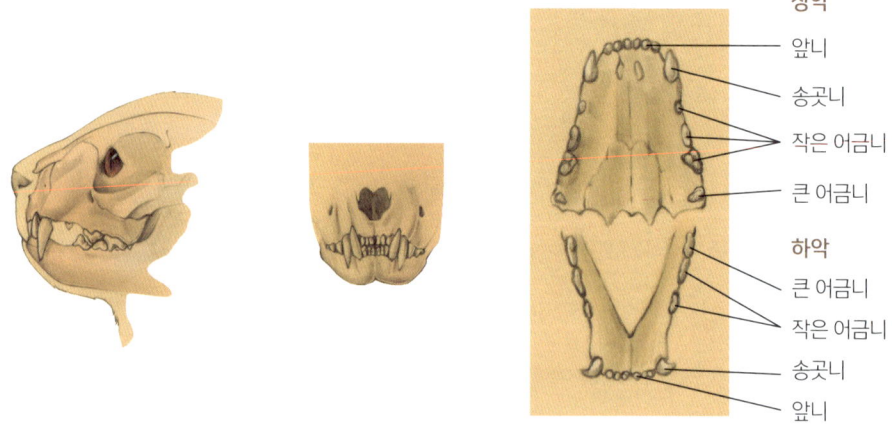

구분	앞니	송곳니	작은 어금니	큰 어금니
위턱	3	1	3	1
아래턱	3	1	2	1

(좌우 대칭으로 한 쪽만 표기)

고양이의 치아 분포

로 미각보다 후각이 더 중요하며 음식의 냄새가 기호성을 좌우한다. 그래서 냄새가 강한 음식, 예를 들어 생선을 특별히 좋아하는 고양이를 많이 볼 수 있다. 개체마다 선호하는 음식 차이가 있겠지만 공통적으로 동물성 단백질을 좋아하는 육식동물의 식습관을 완벽하게 지니고 있다. 차가운 음식은 냄새가 약하므로 따뜻하게 가열하면 아플 때 식욕을 증진시킬 수 있다.

어릴 때부터 다양한 음식을 주는 것이 좋다

고양이는 매우 예민한 동물이라서 대부분 어릴 때(생후 6개월 전) 먹어 본 적이 없는 음식은 성묘가 된 후에도 먹지 않는다. 따라서 어릴 때 다양한 음식을 주는 것이 좋다. 그러므로 식감이 다른 건사료와 캔사료를 섞어서 주거나, 다양한 단백질 원료를 주도록 하자. 가능하면 여러 사료 회사의 제품을 바꿔 가면서 주는 것도 좋다.

   건강상의 이유로 캔사료나 처방사료를 먹여야 할 때 고양이가 먹지 않는 경우가 종종 있는데, 원래 고양이가 맛에 대해 개체 차이가 많기 때문에 먹지 않을 가능성도 있지만 한 번도 캔이나 닭고기를 먹여 본 적이 없기 때문인 경우도 많다. 날마다 건사료만 먹는 고양이는 닭 가슴살 캔도 거의 먹지 않는다. 닭고기가 알레르기를 유발할 수 있다고 생각한 보호자가 일부러 닭고기를 주지 않아 닭고기로 만드는 처방사료를 먹이지 못하는 사태가 오기도 한다.

   필자가 특별히 '닭고기'를 강조하는 이유는 질병을 관리하는 처방사료의 대부분을 닭고기로 만들기 때문이다. 닭고기에 함유되어 있는 아미노산 종류가 고양이의 몸에 필요한 아미노산과 비슷하기 때문에 닭고기는 단연 좋은 단백질원으로 인정받고 있다. 특히 단백질을 제한해야 하는 질병(신부전, 결석 등)

을 관리하기 위해서는 달걀이나 닭고기를 많이 사용한다. 다시 한 번 강조하지만, 고양이에게는 어릴 때부터 다양한 음식을 제공하는 것이 좋다.

❷ 위

고양이의 위는 많이 확장되지 않는다. 개나 사람처럼 끼니가 있는 동물이 아니라 조금씩 자주 먹는다. 때문에 자유 급식을 하면 하루 열 번에서 스무 번까지 소량으로 먹는다.

❸ 소장과 대장

고양이의 장 길이와 키의 비례는 4대1로 일반적인 잡식성 동물보다 장의 길이가 훨씬 짧고 단순하다. 고양이의 소화 능력을 개와 비교하면 10% 정도 떨어진다. 어떤 영양소이든 소화 능력과 흡수력이 개보다 약하다. 특히 탄수화물에 대한 소화 효소 분비량이 적기 때문 탄수화물을 먹으면 소화력이 개보다 현저히 떨어진다.

소화되지 못한 탄수화물은 대장 세균을 통해서 발효되는데, 이는 고양이의 건강 유지에 매우 중요한 역할을 한다. 따라서 프로바이오틱스는 고양이에게도 매우 도움이 되는 물질이며, 건강한 음식을 통해서 잘 유지하는 것이 좋다. 그러나 동물마다 장 상태가 다르기 때문에 사람이나 개를 위해서 만든 유산균이 고양이한테는 효과가 없을 수도 있다. 고양이 장에서 살 수 있는 고양이 전용 프로바이오틱스를 먹여야 한다.

개와 고양이를 위한 필수 영양소

6가지
필수 영양소

① 물

　동물 몸의 약 70% 정도를 차지하고 있는 물은 신체의 대사를 위해서 꼭 필요한 영양소이다. 하루에 필요한 물의 양은 하루에 먹는 '칼로리'와 같다. 즉, 칼로리가 많을수록 더 많은 물이 필요하다.

하루에 필요한 에너지 총량(단위 kcal) = (30 × 체중 + 70) × Factor
(체중 2kg 이상~45kg 이하만 사용 가능. Factor는 옆 페이지의 표를 참고할 것)

② 탄수화물

　개와 고양이를 위한 탄수화물 권장치가 아직 없다 보니 꼭 필요한 영양소가 아니라고 생각할 수도 있지만, 신체에 에너지를 제공하는 탄수화물은 필수 영

Factor	개	고양이
4개월 이하	3	2.5
5~12개월까지	2	2.5
비중성화	1.8	1.4
중성화	1.6	1.2
비만 경향	1.4	1
체중 감량	1	0.8

2kg 이하 또는 45kg 이상의 개에게는 아래의 계산식을 사용해야 한다.

$$(70 \times 체중_{kg}^{0.75}) \times Factor$$

개와 고양이에게 하루에 필요한 에너지의 계산 방식

양소로 보아야 한다.

6가지 필수 영양소 가운데 에너지원으로 사용할 수 있는 영양소는 탄수화물, 지방, 단백질밖에 없다. 그런데 지방과 단백질을 과다 섭취할 경우 개와 고양이의 신체에 부담이 증가할 수 있으므로 지방과 단백질 대신 탄수화물을 섭취하게 할 수 있다. 다만 육식동물인 고양이가 탄수화물을 지나치게 먹으면 당뇨병에 걸릴 수 있으니 적당한 탄수화물을 섭취해야 한다. 음식 중의 탄수화물을 36%(DMB) 이하로 유지하면 고양이 당뇨병을 예방할 수 있다.

또한 사료를 제조할 때는 충분한 탄수화물 성분이 있어야 '알갱이'를 형성할 수 있기 때문에 건사료에는 탄수화물이 많이 함유될 수밖에 없다. 그러므로 고양이 사료를 선택할 때는 이 부분을 꼭 확인하는 것이 좋다. 캔사료에는 탄수화물이 반드시 함유될 필요가 없지만 탄수화물의 원가가 상대적으로 낮기 때문에 36% 이상 함유될 수도 있다. 그러니 캔사료를 선택할 때 역시 탄수화물 함량을 다시 한 번 확인할 필요가 있다.

사료 영양소 함량 표시 방법

- **As Fed** 물을 포함하여 사료에 포함된 영양소의 총 함량. 단위는 %이다. 사료 포장지에 표시된 자료가 바로 이것이다. 국내에서 사료 포장지에 꼭 표시해야 하는 성분은 물, 조단백질, 조지방, 회분, 조섬유, 칼슘과 인이 있다.
- **DMB(Dry Matter Basis)** 물을 포함하지 않은 상태에서의 영양소 함량. 단위는 똑같이 %이다.

캔사료와 건사료의 수분 함량 차이는 매우 크다. 캔에는 80~90% 정도, 그리고 건사료에는 10% 정도의 물이 함유되어 있다. 두 가지의 영양소 함량을 비교하고 싶다면 포장지에 표시된 영양소 함량(As Fed)이 아니라 물을 제거한 상태(DMB)로 비교해야 한다.

고양이의 신장을 위해서는 단백질을 적게 먹여야 한다는 이야기를 들은 어느 보호자가 단백질 5%(수분 함량 90%)가 함유된 캔을 선택했다. 30%의 단백질(수분 함량 10%)이 들어 있는 건사료보다 캔사료에 단백질이 더 적다고 판단한 것이다. 그런데 자세히 계산해 보면 의외의 결과가 나온다. 90%의 수분과 5%의 단백질에서 물을 제거하고 다시 계산하면(DMB) 단백질 함유량이 50%임을 알 수 있다. 반면 건사료의 경우 수분이 10%이고 단백질이 30%일 때 물을 제거하면(DMB) 단백질 함량은 33%로 바뀐다.

As Fed로 보면 단백질이 적게 들어 있다고 생각할 수 있지만 수분을 제거한 후에 다시 계산한 결과, 건사료에 단백질이 더 적은 것이 확인되었다. 일부러 영양소 함량을 고려해서 캔사료를 선택했는데 잘못된 계산 방식으로 오히려 고양이의 건강을 해치게 된 것이다. 이제 사료 성분을 계산할 때는 수분을 제외해야 한다는 사실을 알았으니 사료를 선택할 때 이를 잘 활용하기 바란다.

고양이의 혈당 유지 방법

사람과 개는 혈당(혈액 중 포도당)이 떨어지면 몸 안에 저장되어 있는 탄수화물을 분해하여 포도당을 만든다. 그러나 육식동물인 고양이는 개와 달리 혈당이 떨어지면 단백질을 대사하여 포도당을 만든다.

사람과 개의 경우 혈당이 떨어져서 배가 고플 때 음식을 먹게 되면 몸에서 혈당을 만드는 것을 멈추지만, 반대로 고양이는 음식을 먹을 때에도 간에서 단백질을 사용하여 포도당을 계속 만들고 있다. 여기에 음식 중의 탄수화물을 소화해 포도당으로 흡수하게 되면 혈당이 더 증가하는 것이다.

그래서 고양이는 한번에 탄수화물을 많이 먹으면 혈당이 증가하여 좋지 않다. 장기간 혈당이 높으면 당뇨병이 일어날 수 있으므로 고양이의 음식 중에는 탄수화물이 36%(DMB) 이하여야 하고 자유 급식을 하면서 조금씩 자주 먹는 것이 좋다.

비만을 관리하기 위해서 자유 급식을 하지 못하는 경우, 하루에 적어도 다섯 번 이상 나눠 먹여야 한다.

3 단백질

필수 아미노산

단백질은 여러 종류의 아미노산이 이어져 형성되어 있다. 일부 아미노산은 몸에서 스스로 만들 수 없으므로 음식을 통해서 섭취해야 한다. 이를 필수 아미노산이라고 한다. 사람의 필수 아미노산은 9가지, 개는 10가지, 고양이는 11가지가 있다.

아르기닌은 사람의 경우 성장할 때에만 필수 아미노산이고 성인이 되면 충분히 만들 수 있다. 그러나 개와 고양이는 스스로 아르기닌을 만들 수 없기 때문에 음식으로 섭취하지 않으면 면역력, 암모니아 대사, 상처 치유 등에 문제가 생긴다. 아르기닌이 많이 함유된 음식은 칠면조, 돼지고기, 가다랑어, 참치, 새우, 대두와 유제품(치즈, 요구르트) 등이 있다.

사람	개	고양이
발린(Valine)	발린	발린
루신(Leucine)	루신	루신
아이소루신(Isoleucine)	아이소루신	아이소루신
메티오닌(Methionine)	메티오닌	메티오닌
트레오닌(Threonine)	트레오닌	트레오닌
라이신(Lysine)	라이신	라이신
페닐알라닌(Phenylalanine)	페닐알라닌	페닐알라닌
트립토판(Tryptophan)	트립토판	트립토판
히스티딘(Histidine)	히스티딘	히스티딘
	아르기닌(Arginine)	아르기닌
		타우린(Taurine)

필수 아미노산 정리

또한 고양이는 타우린을 만들 수 없으므로 음식을 통해서 섭취해야 한다. 타우린은 해산물과 닭고기에 주로 함유되어 있기 때문에 고양이에게 식물성 단백질과 쇠고기, 돼지고기를 주로 급여하면 타우린 결핍이 일어날 수 있다. 이 경우 별도로 타우린을 보충해야 한다. 타우린이 부족하면 심장, 면역력, 담즙 분비, 신경 전달 등에 문제가 생길 수 있으므로 주의해야 한다.

질 좋은 단백질이란 필수 아미노산이 많이 들어 있으면서 쉽게 소화할 수 있어서 많이 먹지 않아도 몸에 필요한 아미노산을 제공할 수 있는 단백질을 말한다. 또한 동물마다 필요한 필수 아미노산의 함량이 다르기 때문에 똑같은 표준을 사용해서는 안된다. 개의 경우에는 아르기닌을 특별히 고려해야 하고 고양이의 경우는 아르기닌 외에도 타우린을 신경 써야 한다.

아미노산	개	고양이
라이신	1.00	1.00
메티오닌+시스테인(Cystine)	0.64	1.00
트립토판	0.22	0.19
트레오닌	0.67	0.87
아르기닌	0.71	1.12
아이소루신	0.57	0.63
발린	0.75	0.75
루신	1.00	1.50
히스티딘	0.29	0.38
페닐알라닌+타이로신(Tyrosine)	1.00	1.12

개와 고양이의 이상적인 아미노산 비례

사료의 원료 가운데 상대적으로 단백질의 원가가 비싸기 때문에 일반적으로 단백질이 많이 함유되어 있는 사료가 더 비싸다. 그러나 신체가 필요로 하는 양보다 더 많은 단백질을 먹으면 일부는 에너지원으로 사용되지만 일부분은 신장을 통해서 몸 밖으로 배출되어야 한다. 그리고 섭취된 에너지가 신체에 필요한 에너지보다 많으면 단백질은 지방이 되어 몸 속에 저장된다. 즉, 간과 신장에 부담이 되고 비만을 초래할 수 있으므로 적절한 양의 단백질을 먹이는 것이 중요하다.

최소 단백질 권장량

지금까지의 연구 결과에 따르면 단백질의 최소 권장량은 DMB로 개 18%, 고양이 26%이다. 모든 영양소는 모자라면 질병이 생기고 너무 많으면 독이 될 수 있다. 아직까지 건강한 사람, 개, 고양이에게 단백질을 많이 먹이면 신장병이 일어난다는 확증은 없지만 신장 기능에 문제가 있는 동물이 단백질을 많이 먹으면 좋지 않다는 것은 확실하다. 개는 잡식동물이기 때문에 탄수화물은 많이 먹어도 건강에 문제가 없지만 단백질을 많이 먹으면 간과 신장에 부담을 줄 수 있음이 알려져 있다. 따라서 단백질보다 탄수화물을 주는 것이 더 안전하다

단백질 권장량(DMB)	개	고양이
AAFCO 최소 권장량	18%	26%

AAFCO(Association of American Feed Control Officials, 미국 사료 관리 협회)

개와 고양이의 최소 단백질 권장량

고 볼 수 있다. 또한 많은 고양이가 '신부전' 때문에 무지개다리를 건넌다. 노령묘가 되면서 신장 기능이 점점 약해져서, 보호자가 증상을 발견했을 때는 이미 관리가 불가능한 상태인 경우가 대부분이다.

신장병에 걸렸을 때는 단백질과 소금의 제한이 가장 중요하다. 하지만 가장 좋은 것은 평소에 단백질을 조절하는 것이다. 고양이 사료를 선택할 때는 DMB로 탄수화물 36% 이하, 단백질 26% 이상인 사료를 선택하면 된다.

 **지방**

최소 지방 권장량

많은 사람들이 꺼려하는 지방은 사실은 에너지를 제일 많이 공급할 수 있는 영양소이다. 몸에서 많은 중요한 역할을 담당하며 지용성 비타민을 흡수하기 위해서 꼭 필요한 존재이다. 아미노산과 마찬가지로 몸에서 스스로 만들 수 없는 지방산이 있기 때문에 챙겨서 먹어야 건강을 유지할 수 있다.

개와 고양이도 사람처럼 오메가6인 리놀레산(Linoleic Acid)과 오메가3인 알파-리놀렌산(Alpha-linolenic Acid)을 음식으로 섭취해야 한다. 대부분의 불포화지방산이 함유된 음식에 이들 성분이 함유되어 있으므로 결핍 가능성은 낮다.

아라키돈산(Arachidonic Acid)은 대부분의 동물이 몸에서 스스로 만들 수 있지만 고양이에게는 필수 지방산이다. 동물성 지방(고기)에 아라키돈산이 많이 함유되어 있으니 지방이 함유된 고기를 사용하면 큰 걱정은 없다.

포화지방산과 불포화지방산

포화지방산은 화학 구조상 이중결합을 갖지 않는 지방산으로 산화 안정성이 좋다. 그러나 많이 섭취하면 심혈관계에 좋지 않다. 동물 지방과 코코넛 오일에 많이 함유되어 있다. 불포화지방산은 화학 구조상 이중결합을 갖고 있는 지방산이다. 이중결합이 하나일 때 단일 불포화지방산, 둘 이상일 때 다가 불포화지방산이라 부른다. 단일 불포화지방산은 올리브 오일과 카놀라유에 많이 함유되어 있고, 혈중에 있는 콜레스테롤을 줄일 수 있어서 좋은 지방이다. 다가 불포화지방산은 크게 오메가3와 오메가6로 나뉜다.

우리가 쉽게 접할 수 있는 오메가3로 EPA, DHA, ALA 등이 있다. 생선 기름에 많이 함유되어 있으며, 혈중 중성지방 농도를 낮추고 염증을 감소시키는 효과가 있다고 해서 많은 보호자가 특별히 반려동물을 위해 보충하고 있다. 오메가6는 옥수수유, 해바라기씨유, 콩기름, 참기름 등에 많다. 오메가6인 리놀레산과 아라키돈산은 필수 지방산(고양이)이고 몸에 꼭 필요한 지방산이다. 오메가6는 몸에서 면역 반응(염증)이 일어날 수 있기 때문에 나쁘다는 인식이 있지만 염증 반응은 신체가 꼭 필요로 하는 방어 작용이므로 없어서는 안 된다.

일반적으로 사람이 먹는 음식 중의 오메가3와 오메가6의 비례는 1대

지방 권장량 (DMB)	AAFCO 최소 지방 권장량	AAFCO 최소 리놀레산 권장량	AAFCO 최소 알파-리놀렌산 권장량	AAFCO 최소 아라키돈산 권장량
고양이	9%	0.6%	새끼 고양이 : 0.02%	0.02%
개	5.5%	1.1%	강아지 : 0.08%	필수 지방산이 아니다.

지방 권장량

12~16으로, 오메가6는 따로 보충하지 않아도 충분히 먹을 수 있기 때문에 오메가3만 보충제로 따로 먹는 것처럼, 반려동물 역시 오메가6는 음식으로 충분히 공급할 수 있기 때문에 오메가3만 따로 보충하면 된다.

❺ 비타민

비타민은 크게 지용성 비타민과 수용성 비타민으로 나눌 수 있다. 지용성 비타민은 비타민 A, D, E, K의 4가지가 있고, 수용성 비타민은 비타민 C, B_1, B_2, B_6, B_{12}, 엽산, 판토텐산, 비오틴의 8가지가 있다.

비타민의 기능은 동물마다 거의 같다. 주의해야 하는 것은 바로 비타민 C이다. 개와 고양이는 사람과 달리 비타민 C를 몸에서 스스로 만들 수 있으므로 필수 영양소가 아니다. 사료 중에 비타민 C를 첨가하는 이유는 항산화 작용 때문이다. 그러나 과다한 비타민 C는 신장, 방광 결석과 관련이 있으므로 비타민 C가 많이 함유되어 있는 음식은 피하는 것이 좋다.

비타민 B_1(티아민) 결핍

필자가 대만의 대학교에서 실습을 할 때 가장 기억이 남은 일이 바로 비타민 B_1 결핍 때문에 신경 손상을 입고 재활 치료를 하러 온 고양이었다. 평형 감각을 잃고 제대로 걷지도 못하던 모습이 아직도 머릿속에 남아 있다.

당시 갑자기 많은 고양이에게서 이러한 신경 증상이 나타나서 조사를 했는데, 알고 보니 호주에서 수입한 어느 사료를 먹고 비타민 B_1 결핍이 나타난 것이었다. 사료나 음식을 만들 때 제일 쉽게 나타나는 비타민 결핍이 바로 수용성인 비타민 B_1이다. 그 이유는 비타민 B_1이 가열할 때 파괴될 뿐만 아니라 음식에 있는 세균이 비타민 B_1을 파괴할 수 있는 효소를 가지고 있는 경우도 있기 때문이다. 그래서 요리 방식과 재료 선택에 따라 함량의 차이가 많이 날 수 있다.

비타민 B_1을 파괴할 수 있는 효소는 주로 생선에 많이 함유되어 있다. 고양이가 생선을 좋아한다는 인식이 있다 보니 고양이 사료나 음식으로 생선이 많이 이용된다. 그러나 재료 중의 영양소 함유량만을 계산히여 충분하다고 여기고 비타민 B_1을 파괴할 수 있는 효소를 고려하지 않으면 결국 비타민 B_1이 부족한 음식이나 사료를 만들 수 있다. 비타민 B_1은 수용성 비타민이라서 몸에 저장되어 있는 양이 적다. 그러므로 충분히 섭취하지 못하면 수일 내에 결핍 증상이 나타날 수 있다.

비타민 B_1의 주요 기능은 에너지를 대사할 때의 조효소 작용과 신경 기능 유지이다. 비타민 B_1이 결핍되면 에너지를 사용하지 못하게 되어 식욕 부진, 근육 무력, 심장 비대 등의 증상이 나타나며, 대부분의 반려동물에서 심각한 신경 증상이 나타난 후에야 발견된다.

비타민 B_1은 대부분의 음식에 들어 있지만 양이 많지 않다. 동물의 간, 심장, 귀리, 옥수수, 호밀, 돼지고기, 완두콩 등의 재료에 많이 들어 있고 곡물에 있는 비타민 B_1은 주로 겨(껍질)에 많아서 정제하게 되면 많이 사라진다.

비타민 B_1을 파괴할 수 있는 효소는 주로 생선에 많이 함유되어 있지만, 다행인 점은 가열하면 이 효소들 역시 파괴될 수 있으므로 요리를 하게 되면 큰 걱정은 하지 않아도 된다. 그러므로 반려동물에게 장기간 회를 주식으로 주는 것을 피하고 비타민 B_1이 많은 재료를 충분히 주면 문제를 일으키지 않는다.

오히려 사료를 잘못 선택할 경우 비타민 B_1 결핍이 쉽게 야기될 수 있다는 사실을 명심해야 한다. 사료 리콜 기록을 분석해 보면 10년 전 비타민 B_1 부족 때문에 리콜이 많이 일어났다는 사실을 알 수 있다. 당시에는 동물 사료의 방부제로 이산화황을 많이 사용하고 있었는데, 황에 약한 비타민 B_1이 파괴되어 부족해진 것이다. 그 후 대부분의 사료 회사에서 더 이상 이산화황을 사용하지 않게 되었지만 비타민 B_1은 열, 방사선, 염기에도 약하므로 충분히 신경 쓰지 않으면 결핍이 일어날 수 있으니 믿을 만한 사료 회사의 제품을 선택하는 것이 안전하다.

그리고 비타민 B_1의 결핍 때문에 신경 증상이 일어났을 때에는 반드시 동물병원에 가서 건강 상태를 확인해야 한다. 경미한 신경 증상이 나타난 경우에는 바로 비타민 B_1을 보충하면 치료할 수 있지만 치료가 너무 늦으면 불치병이 되어 평생 재활 치료를 해야 한다.

6 미네랄

개와 고양이에게 필요한 미네랄은 사람과 마찬가지이고, 각자 다른 역할을 담당하며 건강을 지키고 있다. 크게 2가지 종류의 미네랄이 있는데 다량 미네랄(Macrominerals)과 소량 미네랄(Microminerals)이다. 다량 미네랄은 칼슘(Ca), 마그네슘(Mg), 칼륨(K), 나트륨(Na), 인(P), 염소(Cl), 황(S) 총 7가지이고, 소량 미네랄은 철(Fe), 요오드(I), 아연(Zn), 구리(Cu), 셀레늄(Se), 망가니즈(Mn), 불소(F) 등 총 11가지이다.

다량 미네랄은 많이, 소량 미네랄은 적게 필요하지만 모두 필수 영양소로서

미네랄	기능	함유된 식품
나트륨	체액 평형, 신경 전달과 근육 수축	소금, 우유, 일부 채소와 고기, 간장
염소	체액과 위액의 성분, 체액 평형을 위한 요소	소금, 우유, 일부 채소와 고기
칼륨	체액 평형, 신경 전달과 근육 수축	고기, 우유, 신선한 과일과 채소, 전곡, 콩, 쑥갓, 녹두
칼슘	건강한 뼈와 치아의 유지, 근육 수축과 이완, 신경의 정상 기능 유지, 혈액 응고, 혈압 조절, 면역 기능 유지	우유 및 유제품, 두부(제조 방식에 따라 함유량이 다르다) 짙은 녹색 채소(예: 브로콜리), 뼈, 콩, 연어
인	건강한 뼈와 치아의 유지, 세포 구조의 기초, 산-알칼리의 평형	생선, 달걀 노른자, 우유 및 유제품, 곡류, 육류, 가금류, 콩, 옥수수
마그네슘	뼈의 구조, 단백질 제조할 때 필수, 근육 수축, 신경 전달과 면역 반응 유지	콩, 씨, 녹색 채소, 두부, 곡류, 조개, 낙지 등의 해산물, 코코아, 사과, 참깨, 들깨
황	단백질(아미노산) 성분	모든 단백질 원료(고기, 생선, 우유, 콩 등)

다량 미네랄

미네랄	기능	함유된 식품
철	적혈구 속에서 산소를 운반하는 헤모글로빈(Hemoglobin)에 함유, 에너지 대사에 필수	동물 내장, 돼지고기, 쇠고기, 건조 과일, 녹색 채소, 달걀 노른자, 해조류
아연	효소 대사에 필요, 단백질 구조의 유지, 상처 치유, 면역 반응 유지, 태아 성장	쇠고기, 돼지고기, 닭고기, 체다치즈, 굴, 클로렐라, 생선, 전곡, 채소
요오드	갑상선 호르몬(Thyroid Hormone)의 성분	해산물, 요오드 강화된 소금, 유제품
셀레늄	항산화제	고기, 곡물, 연어, 성게, 게 등의 해산물
구리	일부 신체 효소가 반응할 때 필요(조효소), 철 대사에 관여	콩, 씨, 전곡, 돼지 간 등 동물 내장, 코코아, 굴
망가니즈	일부 신체 효소가 반응할 때 필요(조효소)	대부분의 음식에 함유
불소	뼈와 치아의 형성에 관여	생선

소량 미네랄

신체 대사를 유지하기 위해서 음식을 통해 꼭 섭취해야 할 영양소이다. 소량 미네랄은 조금만 먹어도 충분해서 모자랄 가능성이 거의 없다.

또한 특정한 질병에 따라 미네랄을 조절해야 하는 방식이 다르다. 예를 들어 베들링턴 테리어, 도버맨 핀셔, 웨스트 하이랜드 화이트 테리어, 래브라도 레트리버 등 품종의 강아지는 유전자 문제 때문에 선천적으로 '구리 저장 간장 병증(Copper Storage Hepatopathy)'이 발생할 수 있고, 간에서 구리를 과도하게 저장해서 간경화가 일어날 수 있다. 이럴 경우 평생 동안 구리를 제한해야 하고 음식에 특별히 신경 써야 한다. 다른 질병에 관련된 내용은 이 책의 뒷부분에 나오므로 이 챕터에서는 참고만 하기 바란다.

반려동물을 건강하게 키우고 싶다면 영양이 균형 있게 함유된 음식을 섭취하게 해야 한다. 영양 균형의 정의는 '필요한 영양소가 모두 충분히 들어 있으면서 모든 영양소와 화학물질이 과하지 않은 상태'를 말한다. 그러나 동물마다 고유의 생리적 특징이 있고 대사 작용이 다르기 때문에 '충분'과 '과량'의 기준은 다르다. 사람에 좋은 음식이라도 개나 고양이에게는 독이 될 수 있기 때문에 사랑하는 반려동물이 어떤 체질인지, 무엇을 먹으면 안 되고 무엇을 먹으면 좋은지 잘 알아야 건강하게 키울 수 있다. 또한 충분한 영양 생리학 지식이 있어야 반려동물에 좋은 음식을 만들어 주거나 사료를 선택할 수 있다.

어린 반려동물의 영양 관리

어린 반려동물의
필수 칼로리와 영양

　종류에 따라 성장하는 기간이 다르지만 일반적으로 수의학에서는 개나 고양이가 한 살이 되면 성견 및 성묘로 정의한다. 실제 성장 상태를 보면 한 살인 개는 사람 나이로 열다섯 살 정도가 된다. 옆의 그래프에서 볼 수 있는 것처럼 일년이 지나면 몸의 크기가 거의 성견에 가까워지고 체중은 매우 느린 속도로 두 살까지 증가한 후 완전히 성장한 반려동물이 되는 것이다.

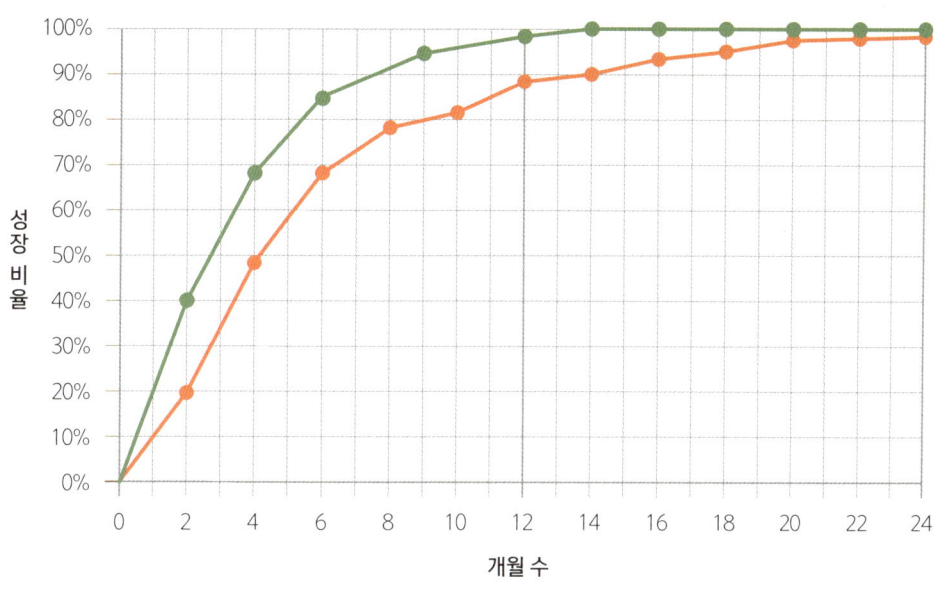

반려견의 일반적인 성장 곡선(예: 아메리칸 불독)

❶ 성장에 따른 일일 대사량 계산하기

어린 반려동물을 처음 키울 때 누구나 "우리 애가 하루에 얼마나 먹어야 하나요?"라는 질문을 수의사나 펫숍 직원 등 전문가에게 해본 적이 있을 것이다. 하지만 이들은 바쁘다는 핑계로 하나하나 계산해 줄 수가 없다며 대충 이야기하는 경우가 많다.

사실 이 질문에 대답하기란 쉽지 않다. 사료를 얼마나 주는 게 맞는지 확인하기 전에 먼저 하루에 필요한 칼로리, 일일 대사량을 알아야 하기 때문이다.

체중(kg)	개 4개월까지 DER=RER×3	개 5~12개월 DER=RER×2	체중(kg)	개 4개월까지 DER=RER×3	개 5~12개월 DER=RER×2
1	210	140	11	1268	846
1.5	285	190	11.5	1311	874
2	353	235	12	1354	903
2.5	418	278	12.5	1396	931
3	479	319	13	1438	958
3.5	537	358	13.5	1479	986
4	594	396	14	1520	1013
4.5	649	433	14.5	1560	1040
5	702	468	15	1601	1067
5.5	754	503	15.5	1640	1094
6	805	537	16	1680	1120
6.5	855	570	16.5	1719	1146
7	904	602	17	1758	1172
7.5	952	634	17.5	1797	1198
8	999	666	18	1835	1223
8.5	1045	697	18.5	1873	1249
9	1091	727	19	1911	1274
9.5	1136	758	19.5	1949	1299
10	1181	787	20	1986	1324
10.5	1225	817			

성장 중인 개의 체중에 따른 하루 필요 칼로리

RER 기초 대사 칼로리(Resting Energy Requirement)
  계산식: $70 \times 체중_{kg}^{0.75}$
DER 일일 대사 칼로리(Daily Energy Requirement)
  계산식: 기초 대사 칼로리 x Factor

Factor는 오른쪽 표를 참고

	개	고양이
4개월 이하	3	2.5
5~12개월까지	2	2.5
비중성화	1.8	1.4
중성화	1.6	1.2
비만 경향	1.4	1
체중 감량	1	0.8

(어리면 어릴수록 성장 속도가 빨라서 Factor가 더 높다.)

체중(kg)	고양이 한 살 이하 DER=RER×2.5	체중(kg)	고양이 한 살 이하 DER=RER×2.5
1	175	8	832
1.5	237	8.5	871
2	294	9	909
2.5	348	9.5	947
3	399	10	984
3.5	448	10.5	1021
4	495	11	1057
4.5	541	11.5	1093
5	585	12	1128
5.5	629	12.5	1163
6	671	13	1198
6.5	712	13.5	1233
7	753	14	1267
7.5	793	14.5	1300
		15	1334

성장 중인 고양이의 체중에 따른 하루 필요 칼로리

여기서 보여 주는 하루 필요 칼로리(일일 대사량)는 현재의 체중에 따라 달라진다. 따라서 체중이 계속 증가하고 있는 한 살 이하의 개와 고양이는 수시로 체크해 주어야 한다. 또 반려동물의 개체와 활동량에 따라서도 차이가 있을 수 있다. 그러므로 이 책에서 보여 주는 수치는 참고로만 사용하고 신체 상태를 계속 확인하면서 체크해야 한다.

반려동물도 사람처럼 어릴 때 뚱뚱하면 평생 비만과 싸워야 한다. 사랑하는 반려동물을 위해서 습관처럼 항상 체형을 체크하고 음식을 조절하면 질병을 예방할 수 있고 더 오랫동안 함께 살 수 있을 것이다.

❷ 성장기의 필수 영양소

성인이 된 개와 고양이에게 필요한 영양소는 어린 개와 고양이에게도 물론 모두 필요하다. 그러나 성장 기간인 만큼 단백질, 지방, 칼슘, 인 등 필수 영양소는 성인이 된 동물보다 더 필요할 것이다.

어린 동물은 지방산 대사 능력이 완벽하지 않고 성장하는 동안 더 많이 필요하기 때문에 오메가6인 리놀레산(개는 DMB 0.08%, 고양이 0.2%)과 오메가3인 EPA와 DHA(개는 DMB 0.05%, 고양이 0.1%)를 먹이는 것이 바람직하다. 내장과 근육이 성장하기 위해서는 단백질과 지방이 특히 많이 필요하고, 뼈에는 인과 칼슘이 필요하다.

❸ 성장 중 주의해야 할 영양소

대형견의 칼슘 섭취량

일반적으로 어린 개와 고양이용 사료에는 단백질과 지방, 인, 칼슘 등 영양소가 충분히 들어 있기 때문에 특별히 신경 쓰지 않아도 괜찮지만, 성인이 된 개와 고양이의 사료를 선택할 때는 이 점이 도리어 문제가 될 수도 있다.

대형견은 칼슘의 최대 섭취량이 일반 개보다 적어서 알래스칸 맬러뮤트, 사모예드, 차우차우, 래브라도 레트리버, 골든 레트리버 등 성견의 체중이 30kg 이상 나갈 수 있는 견종은 칼슘의 섭취량에 특별히 신경 써야 한다. 소형견보다 대형견에 고관절 문제가 많고 그중에서 고관절 이(異)형성증은 음식과 관련 있는 것으로 알려져 있다. 동물 음식의 표준을 규정하는 비영리단체

AAFCO(The Association of American Feed Control Officials, 미국 사료 관리 협회)에서는 대형견의 음식 속 칼슘은 DMB 1.8% 이하로 유지되어야 하고 중소형견의 경우 2.5% 이하로 유지하면 된다고 정의하고 있다.

예전에 필자가 반려동물 박람회 부스에서 영양 상담을 하고 있을 때 어느 골든 레트리버 보호자가 상담을 받으러 왔다. 보호자가 다가올 때부터 그 개가 불편하게 걷고 있는 것을 알아보았는데 마침 상담을 하게 되어, 혹시 반려견의 다리가 불편한 걸 알고 있는지 물어보았다. 많은 보호자들이 반려견과 함께 산책을 하지만 뒤에서 자신의 개가 걷는 모습을 자세히 보는 경우는 드물기 때문이다.

상담하러 온 강아지는 태어난 지 10개월이 되었고, 보호자의 임의적인 판단으로 시중에서 흔히 판매되는 사료를 먹었다고 한다. 일반적인 2kg 단위의 포장 사료였다. 우리나라의 반려견은 대부분이 소형견이기 때문에 시중에서 판매되고 있는 작은 포장 단위의 사료는 소형견용인 경우가 많다. 소형견의 식사량은 당연히 대형견보다 적다. 성장 속도도 대형견보다 느리기 때문에 영양분을 많이 섭취해야 건강하게 성장할 수 있다. 따라서 성장기에 필요한 단백질과 지방을 일부러 많이 함유하고 칼로리도 높게 만든다.

	한 살 이하 강아지, 임신 및 수유 중인 모견 최소 권장량	성견 최소 권장량	성견 최대 권장량	대형견 최대 권장량
DMB(%)	1.2	0.5	2.5	1.8

AAFCO 칼슘 섭취 지침

하지만 대형견에게 칼로리, 단백질, 지방이 많이 함유되어 있는 소형견용 사료를 먹이면 근육에서 빠른 성장이 일어나는 동시에 칼슘이 과다 공급되어 오히려 뼈의 성장이 지연된다. 이것이 결국 고관절 질환으로 이어질 가능성을 증가시키는 것이다.

골든 레트리버는 원래 고관절 문제가 흔한 견종으로 알려져 있는데, 당시 만난 골든 레트리버는 소형견 사료를 먹어서 고관절 이형성증이 발생한 것으로 보인다. 고관절 이형성증은 완치가 쉽지 않고, 증상이 나타난 후에는 진통 소염제로 통증을 관리하지만 계속해서 증상이 심해지면 수술과 오랜 기간의 재활 치료가 필요하다.

그러므로 대형견을 키우고 있다면 음식 속에 있는 칼슘 함량을 꼭 확인할 것을 권한다. 대형견을 위한 전용 사료를 선택하는 것이 원칙이다. 음식을 만들어 주고 싶다면 칼슘 함유량을 특별히 신경 써야 불행한 일을 미리 막을 수 있다.

임신이나 수유 기간, 어미 개의 영양소 권장치

AAFCO에 따르면 임신이나 수유 기간 중인 어미 개와 고양이도 어린 동물들과 마찬가지로 영양소 권장치가 있다. 개의 임신 기간은 대략 63일이고 임신 35일(5주) 전까지는 태아의 체중이 조금씩 증가하기 때문에 어미가 음식을 잘 먹고 체중을 잘 유지하고 있으면 특별히 사료를 바꾸지 않아도 된다. 임신 5주 이후부터는 태아의 성장이 빨라지기 시작하며 필요한 에너지도 증가하므로 음식을 더 잘 먹어야 하고 영양소에도 신경을 써야 한다.

일반적으로 새끼가 태어나기 직전에는 태아의 수에 따라 하루 필수 에너지가 30%에서 60%까지 증가한다. 그러나 임신 6주 이후부터는 영양이 많이 필요함에도 불구하고 커진 태아가 위를 압박하여 식욕이 감퇴하는 경우가 생길 수 있다. 이때는 충분한 에너지와 영양을 제공하기 위해 한 살 이하 강아지 전용 사료로 바꾸는 것이 좋다. 칼로리와 단백질 등 성장 필수 영양소가 많이 함유된 강아지용 사료는 적게 먹어도 충분히 영양을 제공할 수 있어 더 건강한 엄마와 새끼를 기대할 수 있다.

분만 후 수유 기간 동안은 임신 기간보다 더 많은 에너지가 필요하다. 이때도 강아지용 사료를 어미에게 계속 주어야 한다. 또 수유 기간 동안은 모유를 만들기 위해서 수분이 많이 필요하니 항상 깨끗한 물을 준비해서 충분한 수분 섭취를 도와야 한다.

성장이 끝나면 반드시 사료를 바꾸자

어른이 된 반려견이 어려서 먹던 한 살 이하의 강아지용 사료를 너무 좋아하는데 바꾸지 않아도 되느냐는 질문을 자주 받는다. 사람이 아이를 키울 때 성인과 다르게 음식을 주는 이유는, '성장 기간'이기 때문에 영양이 풍부한 음식을 먹이기 위해서이다. 사람과 마찬가지로 성장 중인 동물도 어른이 된 동물보다 영양소가 더 많이 필요하지만 반대로 어른이 어릴 때처럼 먹으면 영양 과잉으로 비만 등의 문제를 초래할 수 있다.

반려동물도 성장이 멈춘 개와 고양이는 어릴 때보다 필요한 영양소와 에너지가 적다. 어린 동물용 사료를 계속 먹게 되면 비만과 신체 부담이 일어날 수 있으므로, 한 살이 된 반려동물은 일반 사료로 바꾸는 것이 바람직하다.

임신 기간 동안 강아지 사료를 주게 되면 따로 영양제가 필요 없다. 임신 기간에 비만이 되면 난산의 가능성이 높아지므로 건강한 체형을 유지하는 것도 매우 중요하다.

임신이나 수유 기간, 어미 고양이의 영양소 권장치

고양이의 임신 기간도 대략 63~65일이다. 다른 동물과 다르게 고양이는 임신부터 분만까지 지속적으로 체중이 증가한다. 따라서 고양이는 임신 직후부터 자묘(새끼고양이)용 사료로 바꾸는 것이 좋다.

개의 경우 분만 후 임신 전 체중으로 바로 돌아오지만 고양이는 수유를 준비하기 위해서 임신 전 체중보다 약 40% 정도 늘어난 상태를 유지하다가 수유를 하면서 점차 임신 전 체중으로 돌아온다. 그러므로 임신 기간과 수유 기간 동안 자묘용 사료를 급여하고 이유 후 다시 성묘 사료를 급여하면 된다. 즉, 어미 개와 고양이 모두 임신 기간과 수유 기간 동안에는 유아용 사료를 급여하면 좋다.

음식
습관 들이기

반려동물 역시 사람과 마찬가지로 평생 어릴 때 음식 습관의 영향을 받는다. 고양이의 경우 어릴 때 먹어 본 적이 없는 음식은 싫어할 가능성이 높다. 때문에 어릴 때부터 캔사료와 건사료를 꼭 섞어서 먹이는 습관이 필요하고, 여러 가지 식재료를 많이 시도하는 것이 좋다. 입이 너무 까다로우면 사료를 바꿀 때 어려움을 겪을 수 있기 때문이다.

❶ 적게 먹이면 작아지는가?

동물의 크기는 대부분 태어날 때 골격을 보고 짐작할 수 있지만 성장기의 영양 상태에 따라 바뀌기도 한다. 성장 기간은 몸의 크기가 변할 뿐 아니라 몸 속 내장이 크는 시기이기도 하다. 성장 기간에 에너지를 제한하면 작은 체형을 만들 수 있는 것은 사실이지만 이로 인해 모자란 영양소는 치명적인 신체 결함을 동반할 수 있다. 불량 브리더가 작은 사이즈의 반려동물을 만들기 위해 일부러 식이를 조절하는 경우를 볼 수 있는데, 종 고유의 정상 체중 범위가 아닌 동물은 건강하지 않을 가능성이 높으므로 입양(분양)을 피해야 한다. 집에서도 일부러 크기를 조절하기 위해서 식이를 제한하는 행동은 하지 않기를 권한다. 건강한 체형을 유지해야 튼튼한 반려동물을 키울 수 있다.

한편 비만이 된 강아지나 새끼고양이는 덩치가 커져 어른이 되었을 때 다이어트를 하기가 더 어려우므로 어릴 때부터 비만을 예방하는 것이 답이다.

❷ 바람직한 음식 습관 들이기

반려견에게는 급여하는 규칙을 정하는 편이 좋다. 고양이는 하루 여러 번 조금씩 먹는 동물이고 개는 사람처럼 끼니가 있는 동물이다. 그래서 고양이는 자유 급식을 하면 더 건강하지만 개는 밥 먹는 시간을 정하는 편이 더 건강하다.

강아지는 한 살이 될 때까지 소화 능력이 성견보다 약하므로 어릴수록 밥을 자주 주는 것이 좋다. 4개월 이하의 경우 하루 네 끼, 5개월부터 8개월까지는 하루 세 끼를 주는 것이 좋다. 8개월 이후에는 두 끼를 주는 습관을 들여야 한다. 어릴 때부터 밥 먹는 시간을 정하고 먹는 양도 계산해 주는 것이 가장 좋다. 그리고 간식을 자주 주게 되면 결국 밥을 먹지 않고 항상 더 맛있는 간식을 기다리는 나쁜 습관이 들 수 있다.

편식하는 강아지는 일정 시간 이내에 다 먹지 않으면 음식을 치워야 한다. 한 끼에 두 번의 기회를 준다. 두 번째 줄 때에도 먹지 않으면 다음 급식 시간까지 다른 음식이나 간식을 주지 않는다. 강아지에게 보호자가 주는 음식이 소중하다는 것을 알려주고, 기회를 놓치면 다음에 밥을 먹을 수 있을 때까지 배가 고플 거라는 인식을 심어 주는 것이다. 훈련할 때는 독한 마음을 가져야 한다. 불쌍하다는 생각이 든다면 '잘못된 음식 습관으로 건강을 해치면 더 불쌍해진다!'고 생각하자. 일단 좋은 음식 습관을 들이게 되면 평생 음식과 싸울 필요 없이 건강하게 키울 수 있다.

급식 시간을 정하는 것처럼 간식을 주는 시기도 정하는 것이 좋다. 칭찬할 때에만 주거나 밥을 다 먹은 후에만 주는 식이다. 또한 간식은 하루 먹는 음식 양의 10% 이상 주어서는 안 된다. 대부분의 간식은 사람이 먹는 과자와 마찬가지로 영양을 고려하지 않고 만들어져서 너무 많이 먹게 되면 결국 영양소 부족이나 과다가 되어 건강을 해치게 된다.

❸ 올라이프스테이지(All Life Stage) 사료란?

말 그대로 전 연령에 모두 사용할 수 있는 사료이다. 나이에 상관없이 먹을 수 있어서 매우 편하기 때문에 보호자들에게 인기가 많다.

그러나 이것은 편하지만 좋은 선택은 아니다. 전 연령에 사용할 수 있다는 것은 어린 반려동물의 표준을 가지고 만들었다는 뜻이다. 결국 이 사료를 성견과 성묘에게 주는 것은 어린 반려동물 사료를 주는 것과 마찬가지가 되어 영양소 과다로 신체에 부담이 되고 건강에 좋지 않을 수 있다.

노령 동물의 영양 관리

노령의 정의

사람은 몇 세부터 노령이라고 칭할 수 있을까? 세계보건기구(WHO)에 따르면 선진국의 경우 65세부터 노령으로 정의하지만, 평균 수명이 선진국보다 짧은 개발도상국에서는 50세부터 노령이라고 말한다.

평균 수명에 따라 노령의 시작 시기가 다른 것처럼, 소형견은 대형견에 비해 더 오래 살 수 있으므로 더 늦은 나이에 노령견이 된다. 평균적으로 일곱 살이 되면 노령견이라 부르기 시작한다. 수명이 짧은 대형견은 다섯 살부터 노령

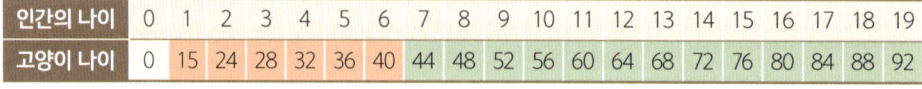

인간의 나이	0	1	2	3	4	5	6	7	8	9	10	11	12	13	14	15	16	17	18	19
고양이 나이	0	15	24	28	32	36	40	44	48	52	56	60	64	68	72	76	80	84	88	92

새끼고양이 ■ 성묘 ■ 노령묘

고양이 나이 환산표

개의 나이	인간의 나이			
	9kg 이하	9~22kg	23~40kg	40kg 이상
1	18	16	15	14
2	24	22	20	19
3	28	28	30	32
4	32	33	35	37
5	36	37	40	42
6	40	42	45	49
7	44	47	50	56
8	48	51	55	64
9	52	56	61	71
10	56	60	66	78
11	60	65	72	86
12	64	69	77	93
13	68	74	82	101
14	72	78	88	108
15	76	83	93	115
16	80	87	99	123
17	84	92	104	
18	88	96	109	
19	92	101	115	
20	96	105	120	

강아지　성견　노령견　고령견

(출처: Dr. 프레드 메츠거, DVM, 펜실베이니아주립단과대학 www.dog-care-knowledge.com)

개 나이 환산표

으로 본다. 여기에 개와 고양이의 나이와 사람의 나이를 비교해 볼 수 있는 표가 있다.

언제부터 노령견이나 노령묘가 되는지에 대한 정확한 표준은 없다고 생각한다. 사람처럼 건강을 잘 유지하면 노화가 늦게 올 수 있고 더 오래 살 수 있기 때문이다. 반대로 잘못된 음식, 생활 방식을 가지고 있으면 나이가 어려도 건강이 나빠지고 노화가 더 일찍 올 수 있으므로 건강한 음식과 적절한 운동 습관을 유지하는 것이 중요하다.

영화로도 만들어진 『내 삶의 목적(A Dog's Purpose)』이라는 책을 보면 여섯 살 사내아이의 열 살 된 반려견이 병에 걸려 수의사가 안락사 시키려는 대목이 나온다. 부모는 이 기회를 빌려 아이에게 죽음의 의미를 가르치고 싶어했다. 온 가족이 10년 동안 함께 살던 반려견 앞에서 이별의 순간을 지켜본다. 수의사와 엄마 아빠가 이렇게 사랑스러운 동물이 왜 그렇게 짧은 시간밖에 살지 못하냐고 이야기할 때 아이는 그 이유를 안다며 다음과 같이 말한다. "사람은 태어난 뒤 다른 사람을 사랑하고 다른 이에게 잘해 주는 방법을 배워야만 알 수 있지만 개는 태어날 때부터 알고 있기 때문에 오래 살 필요가 없다"고. 어쩌면 반려동물은 어떻게 하면 제대로 살 수 있는지를 가르치려고 우리에게 오는 것일지도 모른다.

반려동물이 우리보다 빨리 늙고 일찍 죽는 것은 피할 수 없는 현실이다. 그러나 좋은 영양 관리를 통해 질병을 예방하고 심지어 치료나 개선을 해서 수명을 연장하는 방법은 분명 있다.

노령 동물의
영양 관리

지금까지 반려견과 반려묘의 영양 지침은 '한 살 이하의 어린 동물, 임신·수유 모견'과 '한 살 이상의 성견·성묘'만 있고 특별히 노령 동물을 위한 표준은 없었다. 그러나 반려동물의 나이가 많아지면 신진대사도 느려지기 때문에 이에 맞는 음식을 주면 노화의 속도를 늦출 수 있고 노화 때문에 자주 일어나는 만성 질병도 예방할 수 있다.

❶ 물

사람은 나이가 많아지면서 수분 섭취량이 줄어든다는 연구 결과가 있다. 아직까지 반려동물에 대한 통계는 없지만 아마도 사람처럼 수분 섭취가 감소할 것으로 보인다. 수분은 모든 신체의 대사 과정에 꼭 필요한 성분이기 때문에 충분히 섭취하지 않으면 대사 속도가 느려지거나 심하게 부족하면 탈수가 일어나기도 한다. 사람은 건강을 위해 물을 의도적으로 조절해서 먹을 수 있지만 반려동물은 본능적으로 갈증이 날 때만 물을 먹는다.

반려동물의 수분 권장량은 일일 대사량과 동일하다고 보면 된다. 예를 들어 하루 250kcal를 먹어야 한다면 250ml의 수분 섭취가 필요하다. 여기서 이야기하는 수분이란 단순히 마시는 물뿐만이 아니라 음식이나 음료수에 들어 있는 물도 포함한다.

대부분의 동물은 (특히 고양이는) 필요량보다 물을 적게 마신다. 그러니 평소 기르는 반려동물의 물 마시는 빈도와 한 번에 마시는 양을 확인해 두도록 하자. 날씨가 더워 물을 많이 마시는 경우를 제외하고 갑자기 물을 많이 마신다면 대부분 질병과 관련되어 있다고 보기 때문에 병원에 가서 검사하는 것을 권장한다.

문제는 물을 얼마나 먹여야 하는지는 알지만 실제 반려동물이 물을 얼마나 먹었는지 확인하기는 어렵다는 점에 있다. 고양이와 나이 많은 노령견은 쉽게 수분이 모자라니 더 많은 수분을 먹일 수 있는 방법을 찾아야 한다. 고양이의 경우 흐르는 물에 관심이 많기 때문에 분수나 흐르는 급수기를 사용하면 좋다. 맛이 나는 물을 주는 것도 하나의 방법이다. 개는 단맛을 좋아하므로 사람이 먹는 꿀물이나 주스를 5배 이상 희석해서 주면 된다. 고양이는 단맛을 느끼지 못하므로 특별히 건강에 문제가 없다면 소금이 들어 있지 않은 국물, 유당이 없는 우유 등을 희석해서 줄 수 있다.

수분을 공급할 수 있는 방법 중 캔사료(수분 많은 음식)를 주는 것이 제일 효과가 좋다는 연구 결과가 있다. 음식 중에 포함된 물을 주게 되면 물을 얼마나 먹는지 쉽게 계산할 수 있다. 일반적으로 캔에는 80~90%의 수분이 함유되어 있기 때문에 계산해 보면 한 번에 주는 물의 양을 알 수 있다. 또한 음식에 원래 먹어야 하는 영양소가 함유되어 있기 때문에 다른 음료나 고기 국물보다 건강에 지장이 없고 더 안전하다.

반려동물도 우유를 마실 수 있나?

개와 고양이도 사람처럼 태어날 때는 모유를 먹을 수 있도록 유당 분해효소(Lactase)를 만들 수 있지만 성장한 후에는 만들어도 양이 모자라거나 아예 만들지 못하게 된다. 유당 분해효소를 충분히 만들지 못하는 동물이 우유를 마시면 우유 중에 많이 함유된 유당이 소장에서 소화 흡수되지 못하고 그대로 대장으로 가게 된다. 대장에 남은 유당은 삼투압 원리로 수분을 흡입해서 설사를 유도한다. 동시에 대장의 세균이 유당을 사용하여 가스를 만들어 복통이 일어난다. 이런 현상을 '유당 불내증'이라 한다.

우유에 있는 유당을 미리 효소로 분해하면 유당 없는 우유를 만들 수 있다. 이런 우유는 유당 불내증이 있는 동물에게 주어도 설사, 복통 등의 증상이 나타나지 않는다. 우유는 거의 90%가 물이기 때문에 물을 잘 마시지 않는 반려동물에게 수분 보충법으로 좋지만 비타민 D, 칼슘과 인 등의 영양소가 많이 들어 있기 때문에 결석 환자에게는 나쁜 영향을 줄 수 있으므로 제한해야 한다.

또한 우유의 영양이 좋다고 해도 반려동물에게 너무 많이 주어서는 안 된다. 우유 속에는 개와 고양이에게 필요한 영양소가 충분히 들어 있지 않기 때문에 애초에 간식으로 분류해야 하며, 하루 필수 칼로리의 10% 이상 주면 영양 불균형이 될 수 있으므로 주의해야 한다.

❷ 단백질

나이가 많아지면 단백질 대사가 느려지므로 질 좋은 단백질 급여가 중요하다. 그러므로 달걀, 우유, 쇠고기, 닭고기 등 필수 아미노산이 많이 함유된 단백질 원료를 선택해야 한다. 그러나 나이가 많아지면서 전체 신체 대사도 느려지기 때문에 과도한 단백질 급여는 도리어 간과 신장에 부담을 줄 수 있다.

노령견의 단백질 최소 권장치는 DMB 18%, 노령묘는 30%이므로 이를 참고하여 음식을 선택하면 된다. 영양소 중 단백질이 가장 소화되기 어려우므로 나이 많은 동물에게 직접 음식을 만들어 주고 싶다면 재료를 작게 자르고 충분히 끓여 주어야 소화가 쉽고 더 많이 흡수할 수 있다.

❸ 칼로리 관리

반려동물도 나이가 들면 사람처럼 신진대사가 느려지고 활동량이 감소해서

반려견의 보양식 북어

우리나라에는 아픈 반려견에게 북어국을 주는 습관이 있다. 아픈 반려견이 북어국을 먹고 살아났다는 이야기도 몇 번 들은 적이 있다.
질 좋은 단백질이란 단순히 필수 아미노산이 많이 함유되어 있는 것이 아니라 소화와 흡수가 쉬운 단백질이다. 북어의 경우, 말리는 과정에서 원래 함유되어 있던 단백질이 분해되어 아미노산의 양이 증가한다. 분자량이 큰 단백질보다 아미노산이 더 쉽게 흡수되는데, 북어에는 필수 아미노산인 메티오닌과 타우린이 많이 함유되어 있다. 메티오닌은 항산화 작용과 면역력을 강화하는 효과가 있고 타우린은 항산화 작용과 (특히 심장의) 세포 기능을 유지하기 위해 꼭 필요하다. 따라서 북어는 노령 동물이나 아픈 반려동물이 식욕이 없을 때 필수 아미노산을 보충하기 위한 좋은 선택이다.

어릴 때에 비해 체중이 증가하는 경우가 많다. 문제는 비만이 되면 관절, 심혈관, 암, 당뇨병, 피부 질환이 올 수 있으므로 체중 관리에 유의해야 한다.

그래서 체중 변화에 따른 칼로리 조절이 필요하다. 그러나 음식은 줄여도 정상적인 대사를 유지하기 위해서 단백질은 충분히 섭취해야 한다. 일반적으로 건강한 노령 동물의 음식은 총 칼로리를 줄이고 단백질 함량을 늘리는 것이 좋지만, 단백질을 제한해야 하는 질병(신부전, 결석 등)에 걸리면 수의사의 지시에 따라 단백질 양을 조절해야 한다.

반대로 고양이는 나이가 많아지면서 점점 체중이 감소하는 경우가 많다. 따라서 체중을 유지하도록 관심을 기울여야 한다. 연구 결과에 의하면 고양이는 열한 살부터 체중이 급격히 줄기 시작하며 탈수 증상이 나타나거나 식욕이 떨어진다고 한다. 고양이가 좋아하는 지방은 칼로리를 더 많이 제공할 수 있으므로 식욕이 좋지 않은 고양이에게 좋은 선택이다. 비만이 아닌 노령 고양이에게는 대략 DMB 1~25%의 지방이 함유되어 있는 음식을 권한다. 또한 식욕이 떨어지거나 체중 감소 등의 증상을 발견하면 질병 가능성이 매우 높으므로 병원에 데려가야 한다.

❹ 오메가3

오메가3와 오메가6는 각각의 기능이 다르며 모두 필수적인 성분이다. 그러나 일반 음식 중의 오메가6 대 오메가3의 비례는 12~16대1로 오메가3가 적다. 따라서 오메가3만 보충하면 된다.

사람에 대한 연구를 살펴보면 오메가3와 오메가6의 섭취량이 비슷하면 비숫할수록 오래 산다고 하지만 아직 개나 고양이에 관련된 연구는 없다. 오메가 3도 세부 종류에 따라 기능이 다르고 상태에 따라 필요한 오메가3가 다르지만 영양학적으로 중요한 오메가3로 ALA, EPA와 DHA를 들 수 있다.

- **ALA** 신체에서 EPA와 DHA로 만들 수 있다.
- **EPA** 면역 조절, 염증 반응, 혈액 순환과 심장 기능에 관련
- **DHA** 세포와 조직의 기본 기능, 특히 뇌와 신경세포 전달에 꼭 필요한 지방산

이 3가지에는 공통적으로 염증 감소와 항산화 기전이 있다. 많은 질병과 노화가 신체의 염증, 산화와 관련이 있으므로 필요 없는 염증과 과도한 산화 작용을 조절하면 노화와 질병 개선에 도움이 된다.

예를 들어 노화 때문에 일어난 반려동물의 관절염은 오메가3(개는 EPA, 고양이는 DHA)를 충분히 보충하면 증상을 줄일 수 있다. 하지만 오메가3는 만병통치약이 아니다. 과량의 오메가3는 독이 될 수도 있다. 그러므로 질병이 있을 때는 역시 병원에서 검사와 치료를 받아야 한다.

보호자로서는 영양 보충제를 먹이는 것이 마음 편하겠지만 음식을 통해서 영양을 섭취하는 것이 제일 좋다. 다음 표를 통해 오메가3가 많이 들어 있는 음식을 확인하고 참고하자. 호두의 경우 좋은 지방이지만 많이 먹으면 부작용(신경증상)이 나타날 수 있다. 몸무게 3kg의 반려동물은 1/10개 정도만 줘야 한다(2개 이상 먹이면 위험할 수도 있다).

어느 반려견에게 반복적으로 세균성 방광염이 일어나고 계속 항생제 치료를 하는데도 재발한다는 호소가 들어왔다. 생활 방식과 음식을 조사해 보니 보

오메가3를 많이 함유한 음식 10가지

호자가 매우 많은 영양제를 먹이고 있다는 사실을 알게 되었다. 보호자는 반려견에게 총 9가지 영양 보충제를 주고 있었고, 그중 5가지가 오메가3를 함유하고 있었다. 심지어 한 가지는 사람이 먹는 오메가3였다. 사람의 경우 하루 오메가3 권장량이 DHA와 EPA를 합쳐서 600mg에서 1g(1000mg)인데, 체중이 적은 개와 고양이는 당연히 더 적게 먹여야 할 것이다(논문이 다양해서 아직 정확한 숫자는 없지만 과다 섭취 시 구토, 설사, 복통 등의 증상을 유발할 수 있고 이런 증상이 나타나면 줄여야 한다).

   많은 사람들이 오메가3의 장점을 알고 있고, 반려동물 사료나 영양 보충 제품에도 첨가되어 있지만 오메가3를 과다 섭취하면 구토, 두통 등의 증상 나타날 수 있을 뿐 아니라 심하면 염증 반응을 억제해서 감염에 대한 면역 반응이 제대로 나타나지 못한다. 진료를 받으러 왔던 반려견의 세균성 방광염이 반복적으로 나타난 이유도 과량의 오메가3 때문으로 추정하였다.

그러므로 보호자는 음식 중에 포함된 오메가3와 따로 보충된 오메가3의 함량을 확인하면서 주어야 한다. 처방사료에 이미 많은 오메가3가 첨가되어 있다면 따로 오메가3를 주지 말아야 한다. 어떤 영양소이든 너무 많이 먹이면 독이 될 수 있다. 아직 개와 고양이를 위한 영양소의 최대 권장치가 없기 때문에 사람이 먹을 수 있는 양을 체중의 비례로 계산해서 반려동물에게 주는 것이 좋다. 의심이 들면 영양 전문 수의사와 상담하고 조절하는 것이 바람직하다.

⑤ 그 외 중요 영양소

식이섬유

노령 동물은 장 운동 능력이 약해져 배변 문제도 자주 발생한다. 이럴 때 충분한 식이섬유와 물을 먹이면 증상을 예방할 수 있다. 식이섬유가 장 운동을 촉진하면서 수분과 결합하여 분변을 부드럽게 만들 수 있다. 그러나 물을 충분히 섭취하지 않고 식이섬유만 많이 섭취하면 오히려 변이 더 딱딱해질 수 있으므로, 식이섬유를 많이 함유하고 있는 음식을 줄 때면 물도 충분히 함께 주어야 한다.

식이섬유는 몸에 있는 콜레스테롤을 몸 밖으로 배출할 수 있기 때문에 심장 혈관 질병, 담낭 결석 등의 문제에 예방 효과가 있다.

항산화제

노화는 몸이 산화되고 있는 과정이다. 항산화제는 이름처럼 산화를 방지할 수 있는 영양소이다. 활성산소를 줄이면서 세포막, DNA 손상의 예방을 통해서 암 등의 질병 그리고 노화를 방지하는 것이다.

항산화제마다 최대 섭취량에 대한 기준이 아직 없기 때문에 별도로 보충하는 것보다 항산화제가 많이 함유된 음식을 자주 먹이는 것이 건강에 좋고 안전하다. 방송에서 자주 들을 수 있는 슈퍼푸드는 비타민, 미네랄 그리고 항산화제가 많이 들어 있기 때문에 개와 고양이를 위한 간식으로 좋다. 일반적으로 색이 화려한 채소와 과일이 항산화제를 많이 함유하고 있다. 예를 들어 블루베리, 브로콜리, 당근, 사과, 체리 등의 음식에 항산화제가 많다.

그러나 간식을 줄 때는 항상 분량을 고려해야 한다. 간식은 하루 필요 칼로리의 10% 이하로 유지해야 함을 잊지 말자. 아무리 좋은 음식이라도 너무 많이 먹이면 영양 불균형을 일으킬 수 있다. 반려동물의 체중과 사람의 체중을 비교하여 사람이 간식으로 먹을 수 있는 양을 체중에 비례로 환산하면 된다.

중사슬 지방산(중쇄 지방산)

지방산에 들어 있는 탄소가 8개에서 12개일 때 이를 중사슬 지방산이라 한다. 음식 중에는 거의 없지만 코코넛 오일과 유제품에 많이 함유되어 있는 영양소이다. 일반 식용유와 고기에 함유된 지방산은 탄소가 16개 이상 들어 있다. 우리 신체는 탄소 12개 이하의 지방산과 탄소 14개 이상의 지방산에 대해 흡수와 대사의 기전이 다르다. 중사슬 지방산은 흡수가 더 빠르고 사용이 쉬워 소화 능력이 약한 노령 동물에게 좋다. 또 인지 장애를 예방할 수 있는 효과도 증명되고 있다. 노령 반려동물에게 음식을 직접 만들어 준다면 일반 식용유와 코코넛 오일을 함께 사용하는 것이 좋다.

건강을 해치는 보이지 않는 적, 비만

반려동물의
비만 현황과 평가 기준

　미국의 통계를 보면 54%의 개와 59%의 고양이가 비만이나 과체중을 앓고 있다. 필자가 강의를 다니면서 우리나라 동물병원의 수의사와 직원들을 대상으로 집계해 보니, 동물병원을 방문하고 있는 개와 고양이 중 대략 40% 정도가 비만이나 과체중인 것으로 나타났다.

　이토록 많은 비만 동물을 만나는데도 불구하고 수의사가 '치료'를 하지 못하는 이유는 바로 보호자들의 비만에 대한 인식 때문이 아닌가 싶다. 비만이 얼마나 무서운 질병인지 모르고 심지어 뚱뚱해서 귀엽다고 생각하는 보호자가 많은 듯하다. 그러나 실제로 비만은 건강에 매우 나쁜 영향을 미친다. 더 이상 단순한 '증상'이 아니라 '질병'이라고 인식해야 한다.

　반려동물의 치사율이 가장 높은 암에서부터 보호자를 귀찮게 만드는 피부병에 이르기까지, 크고 작은 질병들이 모두 비만과 깊은 관련이 있다는 연구 결과를 보면 비만이 얼마나 위험한 '질병'인지 알 수 있다. 다행히 연구 결과에 따르면 비만 때문에 일어나는 대부분의 증상과 질병은 다이어트에 성공하면 개선될 수 있다. 그러므로 사랑하는 반려동물과 오랫동안 함께 살아가고 싶다면 건강의 최대 적인 비만부터 관리해야 한다.

비만과 관련된 질병들

- 암
- 호흡 곤란(심폐 기능)
- 당뇨병
- 지방간
- 담석증
- 신장 질환
- 변비
- 방광 결석
- 관절염
- 허리 디스크
- 피부병

① 비만의 평가 기준

사람의 경우 체질량 지수와 체지방 측정 등 표준 수치가 있지만, 반려동물용 측정 표준은 아직 마련되지 않았고 기계가 충분히 발전하지 못했기 때문에 현재 반려동물의 신체 상태를 확인하는 방법은 시각과 촉각을 통한 신체 상태 스코어(Body Condition Score, BCS)이다. 자신의 반려동물을 사진상의 표준 체형인 개 고양이와 비교하면서 더 뚱뚱하면 비만이고 더 말랐으면 체중 부족이라고 판별하는 방식이다.

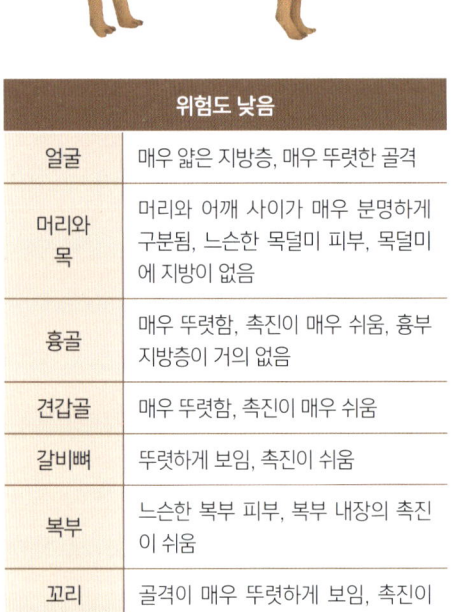

	위험도 낮음
얼굴	매우 얇은 지방층, 매우 뚜렷한 골격
머리와 목	머리와 어깨 사이가 매우 분명하게 구분됨, 느슨한 목덜미 피부, 목덜미에 지방이 없음
흉골	매우 뚜렷함, 촉진이 매우 쉬움, 흉부 지방층이 거의 없음
견갑골	매우 뚜렷함, 촉진이 매우 쉬움
갈비뼈	뚜렷하게 보임, 촉진이 쉬움
복부	느슨한 복부 피부, 복부 내장의 촉진이 쉬움
꼬리 부분	골격이 매우 뚜렷하게 보임, 촉진이 쉬움, 지방층이 거의 없음
측면 모습	복부에 다소 들어가는 부분이 존재함
위에서 본 모습	모래시계 형태가 뚜렷함

	위험도 낮음
갈비뼈	약간 보임, 쉽게 만져짐, 지방층이 얇음
위에서 본 모습	요추 부분(허리 라인) 균형이 잘 잡혀 있음
측면 모습	복부에 쏙 들어간 부분이 존재함
뒷모습	근육이 분명하게 나타남, 매끄러운 신체 윤곽선
꼬리뼈	약간 보임, 쉽게 만져짐
꼬리 부분의 지방	얇은 지방층

개와 고양이의 표준 체형 판정

❷ 개와 고양이의 표준 체형 판정

사람의 비만도 계산 방법과 정상 범위

> **사람의 체질량 지수 :** $BMI = 체중(kg) / (신장(m))^2$
> 한국 사람 정상 표준 18.5~22.9

❸ 우리 강아지가 비만이라면?

반려동물이 비만이라고 판정되면 일단 다른 질병이 있는지 확인해야 한다. 비만의 경우 특히 어릴 때부터 무릎 관절이 아픈 경우가 많다. 가능하면 병원을 방문하여 간단한 건강 검진을 하는 것이 좋다.

다른 질병이 없는 상태라면 체중만 잘 관리하면 많은 질병을 예방할 수 있다. 이미 질병이 생겼더라도 계속 치료하면서 비만을 관리하면 대부분의 비만 관련 질병은 개선된다. 그러나 계속 내버려 둔다면 사랑하는 반려동물이 더 일찍 우리 곁을 떠날 수 있다는 사실을 명심하자.

반려동물의 비만 치료 방식은 사람과 같다. 섭취하는 열량과 대사, 운동을 통해서 나가는 열량을 계산해서 마이너스 상태가 되도록 만들면 결국 체중이 줄어든다. 간단히 설명하면 적게 먹고 많이 운동하면 된다. 그러나 어떤 음식과 운동을 선택하느냐에 따라 결과가 많이 다를 수 있다.

필수 영양소를 충분히 제공하면서 음식 열량을 감소시키면 건강하게 체중을 줄일 수 있다. 그러나 급한 마음에 빨리 살을 빼려고 무리하게 열량을 제한하면 생활 유지를 위한 필수 영양소와 에너지가 모자라 신체 대사가 느려지고 심지어 영양소 결핍 때문에 질병이 발생할 수도 있다.

또한 체중이 감소하더라도 요요현상이 나타날 수 있다. 그러므로 음식을 잘 선택해야 하고 먹는 양도 신중하게 고려해야 한다. 제일 안전하고 요요현상이 적은 체중 감소 속도는 주마다 몸무게의 1%를 감소시키는 것이다.

요요현상(Yo-Yo Syndrome)

요요현상은 활동량에 비해 식사량을 지나치게 줄이고 과하게 운동하는 등 무리해서 급격한 체중 감량을 한 후 체중이 다시 증가하는 과정을 여러 차례 반복하게 되는 현상이다. 무리한 절식으로 체중을 감량하면 결국 근육이 줄고 지방이 훨씬 더 증가하면서 인체는 스스로를 보호하기 위해 대사량을 줄이게 되는데, 이로 인해 오히려 살이 더 쉽게 찌는 결과를 초래한다.

다이어트를 위한
식습관

　너무 많이 먹으면 다이어트 효과를 느낄 수 없고 너무 적게 먹으면 오히려 건강을 해친다면 도대체 얼마만큼 먹여야 다이어트에 성공할 수 있을까?
　제일 안전한 다이어트는 수의사의 지도하에 진행하는 것이지만, 심한 비만이 아닌 경우 집에서 스스로 다이어트를 시도할 수도 있다. 그러나 다른 질병이 있는 반려동물은 수의사의 처방에 따라 관리해야 한다. 심장병, 간염 등 특정 질병의 경우 체중과 체형상 비만으로 오판할 가능성이 있지만 바로 다이어트를 시키면 생명이 위험할 수도 있으므로 방심해서는 안 된다.
　다이어트에 성공하고 싶다면 지속적으로 체중을 확인하고 기록하는 것이 좋다. 현재 체중을 확인한 후 똑같은 크기의 반려동물의 표준 체중을 확인한다.

1 견종별 다이어트

대형견 Large Breeds	중형견 Medium Breeds	소형견 Small Breeds	초소형견 Toy Breeds
아프간 하운드 22.7~27.3kg	에어데일 테리어 19.1~25.0kg	바셋 하운드 18.2~27.3kg	아펜핀셔 2.9~4.1kg
알래스칸 맬러뮤트 34.1~57.2kg	아메리칸 워터 스패니얼 11.4~20.5kg	비글 11.8~14.1kg	오스트레일리언 테리어 6.4kg
버니즈 마운틴 도그 39.9~50.0kg	보더 콜리 13.6~20.5kg	베들링턴 테리어 7.7~10.4kg	브뤼셀 그리펀 2.3~5.5kg
복서 24.0~31.8kg	브리티시 스패니얼 13.6~18.2kg	보더 테리어 5.0~7.3kg	카발리에 킹 찰스 스패니얼 4.5~8.2kg
콜리 20.0~34.1kg	불독 18.2~25.0kg	보스턴 테리어 6.8~11.4kg	치와와 ≤ 2.7kg
도버맨 핀셔 29.0~39.9kg	불테리어 23.6~28.1kg	케언 테리어 5.9~7.3kg	닥스훈트(미니어처) ≤ 5.0kg
잉글리시 세터 18.2~31.8kg	차우차우 20.0~31.8kg	닥스훈트(표준) 7.3~14.5kg	잉글리스 토이 스패니얼 3.6~6.4kg
에스키모 25.0~50.0kg	클럼버 스패니얼 25.0~38.6kg	잉글리시 코커 스패니얼 11.8~15.4kg	이탈리안 그레이 하운드 2.5~4.5kg
저먼 셰퍼드 1.8~43.2kg	달마시안 22.7~26.8kg	폭스 테리어 6.8~8.2kg	말티즈 1.8~2.7kg
골든 레트리버 25.0~34.1kg	잉글리시 스프링거 스패니얼 18.2~22.7kg	프렌치 불독 8.2~13.2kg	미니어처 핀셔 4.5kg
고든 세터 20.5~36.4kg	필드 스패니얼 15.9~25.0kg	아이리시 테리어 11.4~12.2kg	노리치 테리어 4.5~5.5kg
그레이 하운드 27.3~31.8kg	해리어 21.8~27.3kg	레이크랜드 테리어 6.8~7.7kg	파피용 1.5~5.0kg
아이리시 세터 27.3~31.8kg	케이스혼드 25.0~29.9kg	맨체스터 테리어(표준) 5.5~7.3kg	페키니즈 3.2~6.5kg
아이리시 워터 스패니얼 20.5~29.5kg	케리 블루 테리어 15.0~18.2kg	푸들(미니어처) 5.0kg	포메라니언 1.4~3.2kg
래브라도 레트리버 25.0~36.4kg	풀리 10.0~15.0kg	퍼그 6.4~8.2kg	실키 테리어 3.6~4.5kg

대형견 Large Breeds	중형견 Medium Breeds	소형견 Small Breeds	초소형견 Toy Breeds
올드 잉글리시 시프도그 25.0~29.9kg	사모예드 16.8~29.9kg	스키퍼키 3.2~5.0kg, lg 5.0~8.2kg	요크셔 테리어 ≤ 3.6kg
포인터 20.5~34.1kg	슈나우저(표준) 15.0~18.2kg	슈나우저(미니어처) 5.0~6.8kg	
푸들(표준) 20.0~31.8kg	시베리안 허스키 15.9~27.3kg	스코티시 테리어 8.2~10.0kg	
로디지안 리지백 31.8~38.6kg	스타포드셔 불 테리어 10.9~17.2kg	시추 4.1~8.2kg	
슈나우저(대형) 29.9~34.9kg	석세스 스패니얼 15.9~20.5kg	스카이 테리어 11.4kg	
바이마라너 31.8~38.6kg	웰치 스프링거 스패니얼 15.9~20.5kg	스카이 테리어 11.4kg	
	휘핏 12.7kg	스무드 폭스 테리어 6.8~8.2kg	
	와이어헤드 포인팅 그리폰 22.7~27.3kg	웰시 코기(카디건) 11.4~17.2kg	
		웰시 코기(펨브룩) 10.0~13.6kg	
		웰시 테리어 9.1~9.5kg	
		웨스트 하이랜드 화이트 테리어 6.8~10.0kg	
		와이어헤드 폭스 테리어 6.8~8.2kg	

출처 『소동물 임상영양학 5판(Small Animal Clinical Nutrition, 5th Edition)』

견종별 표준 체중표

위 표에 표시된 각 품종의 평균 체중 범위는『소동물 임상영양학 5판』의 정보에 근거한 것이고 실제 표준 체중은 동물의 품종, 성별, 신체 사이즈, 라이프 스타일, 중성화 여부 등 여러 요인에 따라 달라질 수 있다. 개체마다 정확한 목표 체중은 전문가가 동물 신체 크기와 체지방을 측정한 후에 얻을 수 있다.

정상 체형과 비슷하고 약간의 과체중인 경우 원래 먹던 음식을 1/5에서 1/4까지 감소시키거나 칼로리가 더 적게 들어 있는 음식을 평소와 똑같은 양으로 주면 된다.

2주 후에 다시 체중을 확인했을 때 원래 체중보다 1% 정도 감소하면 이 급여량을 유지하면 된다. 그러나 체중이 1% 이하로 감소하면 하루 급여량을 조금 더 감소시켜야 한다. 반대로 2% 이상 감소하게 되면 급여량을 증가시켜야 한다. 너무 빨리 체중이 감소하면 오히려 건강에 좋지 않기 때문에 목표는 일주일에 대략 1% 선으로 감소시키는 것이 제일 좋다.

❷ 고양이 다이어트의 사례

필자가 기르는 고양이 '또또'는 중성화 된 세 살짜리 수컷 코리안 숏헤어이다. 일반적인 코리안 숏헤어의 체중은 4kg 정도이지만 또또는 원래 체형이 커서 정상 체중이 5.5kg이었다. 처음에는 자유 급식으로 키웠는데 6kg까지 살이 찌고 말았다. 계산해 보면 정상 체중을 0.5kg 초과하는 것은 9%(0.5/5.5) 체중 초과라는 의미이다. 정상 체중 60kg인 사람으로 환산하면 9%는 5.4kg의 살이 찐 것과 같다. 이후로 다이어트를 위해 또또에게 음식을 하루 다섯 번으로 나눠 주고, 그중 두 번은 캔으로 먹이고 있다.

1. 자유 급식 할 때 먹는 양을 확인한다

사료를 주기 전에 주는 양을 확인하고 하루 지난 후에 얼마나 남았는지 확인하면 하루에 먹는 양을 얻을 수 있다. 또또는 하루 100g을 먹는다는 사실을 확인했다. 칼로리로 계산하면 대략 400kcal이다.

2. 급식 방식을 바꾼다

고양이가 다이어트를 할 때는 자유 급식을 하지 않는 것이 좋다. 하루에 다섯 번으로 나눠 주고 그중 두 번은 캔으로, 남은 음식은 자동 급식기로 먹이면 좋다. 캔을 선택할 때는 다이어트 전용 처방 캔을 사용하였다. 다이어트 캔사료에는 물이 많이 들어 있어서 포만감을 주면서도 일반 캔보다 칼로리가 적다.

3. 급여량을 줄이거나 저칼로리 음식으로 바꾼다

심한 비만이 아닌 경우 칼로리가 적게 함유된 사료를 선택하면 사료량을 많이 줄이지 않아도 된다. 그러나 칼로리가 적게 들어 있으니 많이 먹어도 된다고 생각하면 안 된다. 하루에 먹는 칼로리가 필요한 칼로리보다 높으면 결국 모두 지방으로 저장되어 살이 찔 수 있다.

또또는 급여량을 줄이는 대신에 다이어트 전용 건사료를 선택하여 한 끼에 20g씩 주었다(하루에 캔사료 2개+건사료 20g×3회).

4. 적어도 2주에 한 번 체중을 확인한다

먹는 양을 정한 후에는 체중의 변화를 잘 지켜보아야 한다. 많은 보호자가 어차피 비싼 다이어트 전용 처방사료를 주고 있기 때문에 스스로 살이 빠지겠거니 생각하다 실패한다.

급여량을 정한 것이 효과가 있는지 없는지 판단하기 위해서는 체중을 계속 확인하고 기록해야 한다. 자주 확인하는 것이 좋지만 대부분의 반려동물은 무게가 가벼워 작은 수치의 체중 변화를 확인하기 어려울 수 있으니 2주에 한 번 정도로 확인하면 된다.

일주일 동안 기존 몸무게의 1% 정도 감소시키는 것이 제일 좋기 때문에 또또의 경우 일주일에 0.06kg(6kg×1%)정도 감소하는 것을 목표로 잡았다. 2주 뒤 약 0.1kg 정도 감소한다면 가장 안전하고 효과 좋은 다이어트가 된다.

개체마다 활동량이 다르고 체중이 감소하면서 활동이 많아지는 경우도 있기 때문에 항상 체중 변화를 지켜보면서 급여량을 조절하는 것이 좋다. 다이어트는 쉬운 일이 절대 아님을 명심하고 지속적인 집중 관리가 필요하다.

5. 목표 체중 달성 후에도 계속적인 관리가 필요하다

사람의 경우 한번 과체중이 되어 본 적이 있으면 다이어트를 하더라도 다시 살찔 가능성이 높은 것처럼 반려동물 역시 다시 살이 찔 가능성이 크다. 다이어트에 성공한 후 바로 자유 급식을 시작하면 비만이 다시 찾아올 가능성이 크기 때문에 조금씩 식사량을 증가시키면서 체중을 유지할 수 있는 급여량을 찾아 똑같이 먹이면 된다. 이후에는 적어도 두 달에 한 번씩은 체중을 확인해야 한다. 급격한 체중의 변화가 있는 경우에는 바로 동물병원을 방문해야 한다.

위에 예를 든 수치는 급여하는 사료에 따라 다르므로 참고만 하기 바란다.

사료
관리

❶ 다이어트 처방사료, 진짜 효과가 있을까?

시중에서 판매되는 다이어트용 처방사료는 대부분 식이섬유를 많이 함유하고 열량이 적도록 고안되어 있다. 식이섬유는 탄수화물이지만 소화를 거의 하지 못하므로 열량이 거의 없어 똑같은 부피의 일반 사료보다 적은 열량을 공급하게 된다. 또 식이섬유는 물과 잘 결합하고 부피를 많이 차지하기 때문에 포만감을 준다. 특히 가용성 식이섬유는 소화 속도도 느리게 만들어 반려동물이 배고픔을 덜 느끼게 된다.

좋은 다이어트용 사료에는 필수 영양소가 충분히 들어 있을 뿐 아니라 다이어트에 좋은 성분도 많이 함유되어 있다. 예를 들어 필수 아미노산을 보충하면 다이어트 하는 동안 근육이 빠지는 걸 예방할 수 있다. 그리고 지방 대사를 촉진하는 엘카르니틴(L-Carnitine)을 첨가해서 몸에서 더 많은 지방을 사용할 수

식이섬유의 종류	가용성 식이섬유	불가용성 식이섬유
기능	음식 중에 있는 지방과 콜레스테롤의 흡수를 줄인다. 대장에 있는 유익균에 에너지를 제공할 수 있다.	소화관에 있는 배기물의 배설을 도와준다.
변비 예방	분변을 부드럽게 만들어 준다.	부피를 제공하고 분변을 형성할 수 있게 한다.
다이어트 효과	물과 잘 결합하고 포만감을 제공하면서 소화하는 속도와 흡수를 느리게 해준다.	소화하지 못하므로 칼로리를 제공하지 않으면서 포만감을 제공한다.
많이 함유된 음식	귀리, 보리, 쌀겨, 사과, 블루베리, 딸기, 키위, 바나나, 차전자피	전곡류, 아마씨, 과일과 채소의 껍질

식이섬유의 종류

있도록 도와준다.

그러나 가장 중요한 것은 먹이는 총 열량이다. 아무리 다이어트에 좋은 사료라도 너무 많이 먹이면 성공할 수 없다는 것을 꼭 기억해야 한다.

❷ 일반 사료를 적게 주면 안 될까?

꼭 처방사료를 선택해야 할 이유는 없다. 다만 처방사료는 보호자가 좀 더 편하게 반려동물을 다이어트 시키기에 좋은 것이다. 일반 사료를 적게 먹이면 반려동물이 쉽게 배고픔을 느껴 곤란할 수 있다. 비만 동물은 대부분 위의 크기가 정상 동물보다 커져 있는 상태이기 때문에 급여량을 갑자기 줄이게 되면 걸식 등의 행동이 자주 나타날 수 있다.

이때 열량이 적은 비만 처방사료가 도움을 줄 수 있다. 급여량을 천천히 줄이면서 목표 급여량까지 1~2주 동안 달성하는 것을 권한다. 고도 비만인 사람처럼 위를 제거하는 수술은 아직 동물에게 시행하고 있지 않기 때문에 급여량을 서서히 낮추어서 위 용량을 줄일 수밖에 없다. 심한 고도 비만의 경우 급여량을 줄이는 기간을 좀 더 길게 잡을 수 있지만 한 달 이내에 목표 급여량을 달성하는 것이 좋다.

걸식과 운동

① 자주 걸식을 할 때는 어떻게 해야 하나?

먼저 걸식 행위가 진짜 배가 고파서 나타나는지 식탐 때문에 나타나는지 구별해야 한다. 사람이 맛있는 음식 앞에서 더 많이 먹을 수 있는 것처럼 반려동물도 더 달라고 하고 싶을 것이다. 식탐 때문에 하는 걸식이라면 절대 음식을 주면 안 된다. 걸식할 때 음식을 바로 주면 나쁜 습관을 들일 수 있다. 게다가 음식에 대한 지식 없이 사람 음식을 반려동물에게 주면 건강을 해칠 수 있으니 아무리 귀엽게 달라고 해도 사랑하는 반려동물을 위해서 거절해야 한다.

진짜 배가 고파서 걸식할 경우에는 열량이 적은 간식을 주면 된다. 먹이고 있는 사료를 조금씩 주거나 삶은 양배추, 삶은 브로콜리, 생 오이 등 저열량 채소를 소량 줄 수 있다. 그러나 다음 번 음식을 줄 때는 간식량을 고려하여 양을 줄여야 한다는 것을 기억하자.

❷ 다이어트 할 때는 운동도 많이 시켜야 하나?

고도 비만 환자의 경우 바로 운동을 강요하지 않는 것이 좋다. 다이어트에 성공하고 싶으면 음식뿐만 아니라 운동도 중요하다고 이야기했지만 모든 동물에게 100% 적용되는 것은 아니다. 사람의 경우는 유산소 운동을 통해서 열량을 소모하고 지방을 줄이면서 꾸준히 근육을 키우면 기초 대사량이 증가하게 되어 다이어트에 성공할 수 있지만 동물에게는 강제로 운동을 시키기 어렵다. 특히 근력 운동을 할 수 없다. 반려동물이 고도 비만이 된 경우 무리하게 운동

급여자가 여러 명인 경우에는

아빠가 아침을 준 후에 언니도 준다. 엄마가 점심 때 간식을 주고 아빠가 퇴근하여 집에 왔을 때에도 간식을 준다. 음식을 주고 있는 사람이 너무 많기 때문에 결국 너무 많이 먹게 되는 반려동물을 종종 볼 수 있다.

이렇게 반려동물에게 음식을 주는 사람이 한 명 이상인 경우, 체중을 관리하기 위한 특별한 주의가 필요하다. 다들 반려동물을 아끼고 사랑하여 음식을 주겠지만 사실 이는 사랑이 아니고 생명을 갉아 먹는 행동일 수도 있다.

먼저 반려동물의 정확한 끼니 시간을 정해야 한다. 그리고 하루에 먹을 수 있는 사료와 간식을 날마다 계산하고 따로 상자에 보관한다. 예를 들어 하루에 먹을 수 있는 사료가 100g이라면 아침에 주던 양을 100g에서 제하고 상자에 넣는다. 그리고 온 가족이 반려동물에게 주는 음식의 위치를 알고 있어야 하며 주고 싶을 때는 항상 그 상자에서만 꺼내도록 한다. 간식을 주고 싶을 때도 거기에서 조금 꺼내면 된다.

지금 주고 있는 간식으로 아주 짧은 행복을 느낄 수 있겠지만 그 때문에 반려동물이 더 일찍 아프고 우리 곁을 일찍 떠날 수 있다면 어떤 선택을 하고 싶은가? 반려동물을 사랑하고 건강하게 오랫동안 같이 살고 싶다면 꼭 지켜야 하는 결심임을 명심하자.

을 하면 관절과 심혈관 부담이 증가할 수 있고 결국 다이어트에 성공하기 전에 먼저 건강이 나빠질 수 있다.

    제일 안전한 방식은 음식 관리로 살을 약간 빼고 나서 운동 능력을 되돌릴 때까지는 시키지 않는 것이다. 연구 결과를 보면 살이 빠진 후에 반려동물의 활동 능력과 활동량이 스스로 증가할 수 있다. 그때부터 운동을 시작하기가 훨씬 더 쉽다. 반려동물의 경우 운동보다 음식을 통하여 관리하는 것이 다이어트에 성공할 수 있는 최고 원칙이란 사실을 꼭 기억하자.

중성화 수술 후 비만이 더 많이 생기는 이유는 무엇일까?

중성화 수술을 시행하면 질병이나 이상 행동을 예방하는 효과가 있지만, 수술 후에 체중이 빨리 증가할 수 있다. 반려동물 중성화의 경우, 수컷은 고환을 제거하고 암컷은 난자와 자궁을 같이 적출한다. 고환, 난자와 자궁은 성호르몬을 분비하기 때문에 에너지를 많이 소모하는 장기이다. 이것을 제거하면 호르몬 분비를 못하고 발정 기간이 없어져 신체에 필요한 에너지가 줄어든다. 그래서 수술하기 전과 똑같은 양의 음식을 먹게 되면 필요한 에너지보다 더 많이 먹는 것이기 때문에 시간이 지나면 체중이 증가할 수밖에 없다. 중성화 후에는 열량을 10~20% 정도 줄이고 체중을 계속 확인하면서 음식 급여량을 조절하면 비만을 예방할 수 있다.

음식 알레르기의 진단과 치료

알레르기의
증상과 종류

- **음식 알레르기** 음식 중의 특정 물질(주로 단백질)을 소화 흡수한 후에 몸에서 원하지 않는 면역 반응이 나타나는 것이다. 단순한 소화기 증상만 있을 수도 있고 피부 트러블을 동반할 수도 있다.
- **음식 불내증** 음식 중의 특정 성분이 몸에서 소화와 대사를 하지 못해서 일어나는 소화 문제이다. 예를 들어 유당 불내증이란 유당 분해효소를 만들지 못하는 동물이 우유에 있는 유당을 소화하지 못해서 설사와 복통 등의 증상을 일으키는 것이다.
- **히스타민(Histamine)** 알레르기 반응이나 염증에 관여하는 화학물질이다. 면역계 세포의 항원항체 반응으로 분리되며 가려움증, 기관지 수축, 모세혈관 확장 등을 일으킨다. 신선하지 않거나 부패된 생선에서 많이 생성된다. 히스타민을 함유하는 물고기를 먹으면 알레르기 같은 중독이 나타날 수 있다. 잘못 보관된 꽁치, 고등어 등의 물고기에 히스타민이 많이 함유되어 있다.

● **알레르기 검사 방법** 피부 반응 검사와 혈액 항체 검사가 있다. 피부 반응 검사는 음식물에서 추출한 항원을 피부에 바른 후에 면역 반응을 관찰한다. 혈액 항체 검사는 혈액을 채취하여 항체(IgE) 총량을 측정하는 것이다. 검사 결과가 음식물 알레르기의 진단에서 절대적인 판단 기준이 되지는 않지만, 환자의 자세한 병력의 보조적인 역할을 한다.

음식 알레르기는 음식 중에 주로 단백질이 몸에 흡수된 후에 항체가 그것을 '나쁜 물질'로 인식하고 면역 반응을 일으키는 것이다. 원래 음식 중에 있는 성분으로는 면역 반응이 일어나지 않아야 하는데 '특정' 단백질에 대해 원하지 않는 염증 반응이 나타나서 설사, 피부 트러블 등으로 동물에게 고통을 준다.

음식 알레르기는 음식 불내증과 다르다. 개와 고양이에게 가장 자주 나타나는 음식 불내증은 유당 불내증이다. 요구르트와 치즈처럼 발효된 유제품에는 유당 함량이 많이 감소되어 있어서 상대적으로 안전하다. 그러나 우유 알레르기가 있는 경우, 우유에 있는 단백질을 흡수한 후에 면역 반응이 일어나서 히스타민 등의 염증 물질이 분비되면 원하지 않는 염증이 몸에 나타날 수 있다. 음식 알레르기는 대부분 소화기에서 일어나고 구토나 설사 등의 증상이 주로 나타나지만 동시에 피부 트러블이 발견되기도 한다.

음식 알레르기는 주로 단백질 때문에 일어난다고 하였는데, 이는 특정 단백질이 신체 내에 있는 특정 항체와 결합하여 면역 반응을 일으키는 것이다. 여기서 '특정'이라는 부분이 아주 중요하다.

건강한 동물은 음식에 있는 단백질을 충분히 소화한 후 주로 아미노산으로 흡수하게 된다. 그러나 음식 알레르기가 있는 환자는 단백질을 흡수하는 소장

구조상에 결함이 있기 때문에 큰 단백질을 충분한 소화 과정 없이 그대로 흡수하게 된다. 이렇게 흡수된 큰 단백질은 항체와 결합 후에 면역 반응이 일어나고 알레르기 증상이 나타난다.

대부분 음식 알레르기가 있는 동물은 한 개 이상의 음식 알레르기를 가지고 있으며 개체마다 알레르기를 일으키는 음식이 다르다. 미국의 통계 결과를 보면 개에게 알레르기를 일으킬 수 있는 음식은 쇠고기, 유제품, 밀, 닭고기, 달걀, 양고기, 대두 등이고 고양이는 쇠고기, 유제품, 생선 순이었다. 여기서 고려할 점은 자주 주는 음식에서 더 많이 알레르기가 일어나는 것이 당연하고 미국과 한국은 음식을 주는 종류가 다르기 때문에 미국에서 나온 연구 결과는 참고 자료로만 사용해야 한다.

피부가 가려우면 다 음식 때문인가?

많은 보호자가 반려동물의 피부가 간지러우면 다 음식 때문이라고 생각한다. 그러나 피부 문제가 있는 반려동물 중 1~6%만 음식 알레르기 때문이고, 대부분의 피부 문제는 말 그대로 단순 피부 문제이거나 음식과 관련 없는 면역 반응이다. 음식만으로 해결할 수 있는 피부병이 많지 않고 약물 치료가 필요할 수 있으므로 빨리 병원에 가서 정확한 진단과 치료를 받아야 한다.

그러나 음식 알레르기가 아닌 피부 문제도 특정한 영양 성분이 증상 개선을 도와줄 수 있다. 오메가3는 원하지 않는 염증을 감소시키고 오메가6는 피부에 윤기를 주며 아연, 구리, 비타민은 피부와 모발이 성장할 때 꼭 필요한 영양소이므로 피부 트러블이 있는 환자에게 충분히 제공하면 회복이 빨라질 수 있다.

진단

❶ 항체를 형성할 수 있는 두 가지 조건

하나, 항원이 몸에 들어와서 면역세포와 만나 본 적이 있어야 한다. 이것이 바로 예방 주사의 원리이다. 병원성이 있는 미생물을 약하게 만든 후에 주사로 신체에 들어온 미생물이 면역세포와 만나면 특정 항체를 만들게 된다. 그래서 진짜 미생물에 감염되더라도 몸에 이미 항체가 있어서 바로 미생물을 죽일 수 있다.

둘, 몸이 이물질을 외래 물질로 판단하고 면역 세포가 항체를 만든다. 정상 신체의 경우 음식에 있는 단백질을 영양소라고 판단하여 항체를 생성하지 않는데 음식 알레르기 환자의 경우 음식에 있는 단백질을 외래 물질로 인식하여 항체를 형성하는 것이다.

❷ 4단계 진단 방법

음식 알레르기를 진단하는 방법은 4단계가 있다(정확한 진단 방법은 주치 수의사가 판단해야 하니 여기 제시하는 진단법은 참고만 하기 바란다).

1. 음식 알레르기가 의심되면 증상이 나타날 때 먹이고 있는 모든 음식을 수의사한테 알려준다.
2. 수의사가 알레르기가 일어날 수 있는 음식을 판단한다.
3. 혈액 항체 검사나 피부 반응 검사를 통해서 몸에 있는 항체를 확인한다.
4. 항체 검사 상에서 양성이 나오는 음식마다 반려동물에게 테스트를 하면서 반응을 관찰한다.

이 검사는 절대적인 검사가 아니다. 수의사의 검사 결과와 환자가 먹고 있는 음식을 통해서 알레르기의 원인을 더 쉽게 판단할 수 있는 보조적인 검사이다.

예전에 한 보호자가 음식 알레르기를 의심하여 반려견의 혈액 항체 검사를 시행했다. 검사 결과 거의 모든 단백질 식품에서 양성 반응이 나타났고, 보호자는 집에서 어떻게 음식을 어떻게 만들어 주어야 할지 상담을 청했다.

항체 검사는 음식 알레르기 진단을 위한 보조적인 검사이고 실제 알레르기의 유무는 다음 단계인 시식을 통해서 확진할 수 있다. 항체 검사 결과에서 음성이 나온 음식은 대부분 알레르기가 없는 음식이지만, 양성이 나왔다고 하여 꼭 음식 알레르기가 있는 것이 아니다.

항체 검사는 음식에 있는 원래의 단백질 구조로 검사를 진행하지만, 실제 음식 알레르기를 일으키는 단백질은 입으로 들어가 위와 장에서 소화와 흡수가 진행된 단백질이다. 몸에 들어온 단백질과 원래 음식 중의 단백질 구조가 다를 수 있기 때문에 양성이 나와도 진짜 알레르기가 있는지 없는지 확신할 수 없다. 그러나 양성이 나오는 음식은 상대적으로 음식 알레르기가 일어날 가능성이 높으니 다음 단계를 통해서 확인할 수 있다.

예를 들어 항체 검사상 닭고기 항체가 나와 있는 환자에게 7일 이상 닭고기만 먹이면서 소화 증상이나 피부 반응을 확인한다. 닭고기를 먹을 때 증상이 생기거나 더 악화되면 닭고기 알레르기를 확진할 수 있다. 반대로 닭고기만 먹어도 증상이 나빠지지 않고 심지어 증상이 사라지면 닭고기 알레르기가 아닌 것을 알 수 있다. 음식 알레르기를 확진할 수 있는 유일한 방법은 직접 먹여 보는 것이다.

치료

음식 알레르기를 치료하는 방식은 항체를 형성하지 않는 음식, 면역 반응이 일어날 수 없는 음식과 소화기를 건강하게 만들 수 있는 음식을 먹이는 3가지 방법이 있다.

❶ 몸에서 항체를 형성하지 않는 음식을 먹인다

항체가 없으면 당연히 면역 반응이 나타나지 않는다. 알레르기를 일으키지 않는 음식에는 두 종류가 있어서 하나는 먹어 본 적이 없는 음식이고, 하나는 항체가 생기지 않는 음식이다.

사슴, 칠면조, 캥거루 등 일반적으로 자주 사용하지 않는 고기는, 처음에는 먹어 본 적이 없어서 항체가 형성되지 않지만 장기간 먹이다 보면 항체가 생길 가능성도 있다.

계속 먹어도 항체를 만들지 않고 면역 반응이 일어나지 않는 음식은 소화가 잘 되는 음식이다. 단백질이 정상적으로 소화되어 아미노산과 작은 펩타이드 (Peptide, 몇 개의 아미노산이 모여서 형성된 구조)로 흡수되면 면역 반응이 일어나지 않는다. 이런 음식을 테스트를 통해서 찾을 수 있다.

먹여 봐서 면역 반응이 일어나지 않으면 그 음식을 이용해도 되지만 평생 알레르기가 생기지 않는다는 보장은 없다. 신체 상태에 따라 원래 알레르기가 없는 음식이라도 시간이 지나서 면역 반응이 나타날 수 있으므로 계속 관찰해야 한다.

❷ 음식 중의 단백질을 작게 만든다

위에 설명한 것처럼 단백질을 분해해서 아미노산과 펩타이드로 흡수하게 되면 면역 반응이 일어나지 않는다. 면역 반응이 일어나는 조건은 단백질이 충분히 크고 항체와 결합할 수 있어야 하는 것이다. 즉, 2개의 항체와 단백질(항원)을 결합해야 면역 반응이 일어나는데(그림 1), 단백질의 크기가 작으면 (10,000 Delta 이하) 두 개의 항체와 결합을 하지 못하므로(그림 2) 면역 반응이 일어나지 못한다. 시중의 음식 알레르기를 위한 처방사료는 단백질을 가수분해하여 충분히 작게 만들어서 면역 반응이 일어나지 못하게 하는 것이다.

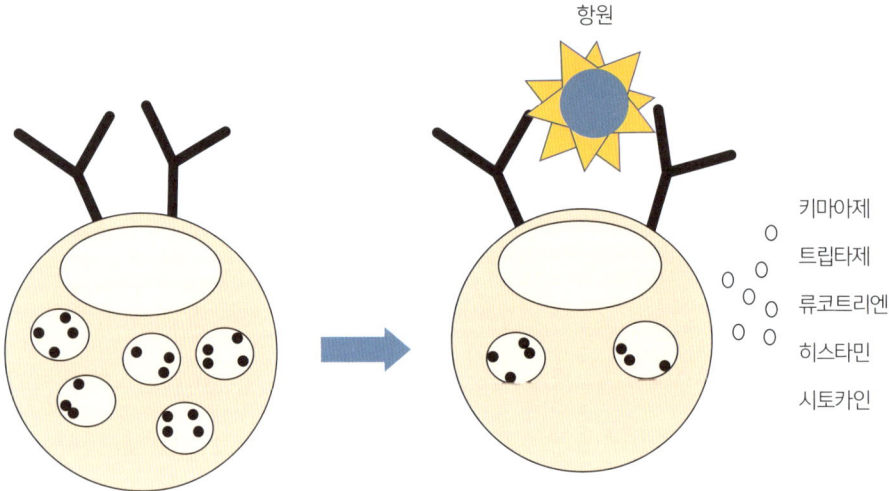

마스트 세포 및 호염기구

그림 1

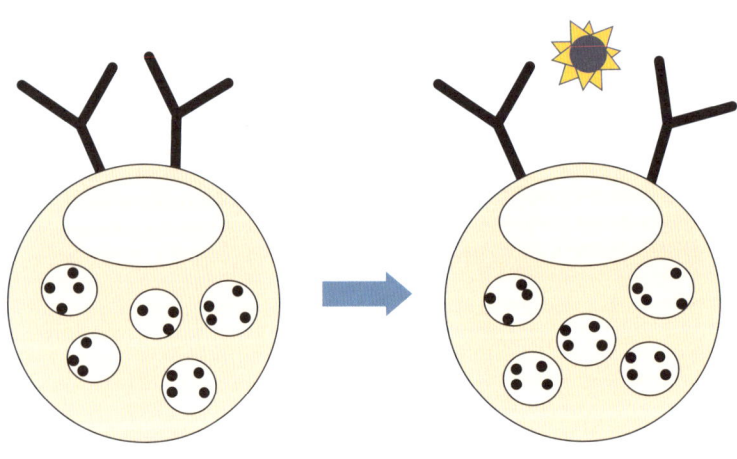

그림 2

❸ 소화를 도울 수 있는 음식을 제공한다

반려동물의 음식을 만들 때에는 재료를 충분히 작게 썰고 끓여야 소화가 잘 된다. 생고기는 상대적으로 소화가 되지 않으니 음식 알레르기 환자에게는 주지 않도록 한다.

프로바이오틱스를 먹이는 것도 장 건강에 도움이 된다. 쥐와 사람의 연구 결과를 보면 좋은 유산균은 소화기의 면역계를 진정시킬 수 있고 전신의 면역 반응을 완화시킬 수 있다. 그러나 동물마다 장 내 사는 유익균이 다르니 사람의 유산균은 효과가 없을 수도 있다. 반려동물의 장 내에 사는 유익균을 먹여야 효과를 기대할 수 있다.

오메가3는 원하지 않는 염증 반응을 억제할 수 있어서 알레르기 치료에 많이 사용된다. 알레르기 환자는 DMB 0.35~1.8%의 오메가3가 필요하다(초과해서 먹이면 결국 면역 억제 때문에 2차적인 피부 감염이 더 악화될 수 있다).

연어는 소화가 잘 되면서 오메가3를 많이 함유하고 있기 때문에 피부에 좋다고들 하지만, 일반적으로 사료를 만들 때의 고온이 원료 중의 오메가3를 파괴할 수 있어서 연어로 만든 사료에 오메가3를 따로 첨가하지 않으면 충분한 치료 효과를 기대할 수 없다. 그리고 오메가3가 많이 들어 있는 사료는 쉽게 지방 산패가 일어나 유효기간이 상대적으로 짧으니 큰 포장으로 구매하지 말고 빠른 시간 안에 먹이는 것이 좋다.

비뇨기 결석의 예방 및 영양 관리

결석의 개요와 발생 빈도

❶ 개요

- **비뇨기 결석** 신장, 요관, 방광, 요도 등 비뇨관 내에 형성된 결석. 칼슘 옥살레이트와 스트루바이트 두 종류가 가장 자주 발생한다. 신체 대사와 감염 상태에 따라 생길 수 있는 결석이 다르고 치료 및 예방하는 방식도 다르다.
- **요 결정** 정상 상태에서도 요에서 결정을 볼 수 있지만, 음식과 신체 대사에 따라 특정한 미네랄이 많이 배설되면 특수한 결정이 나타난다. 요 결정이 있다고 하여 꼭 결석이 생기지는 않지만 결정이 생겼다면 요 중 특정의 성분이 많기 때문에 결석이 생길 가능성이 크다. 비뇨기 결석이 생겼을 때 수의사가 요에 있는 결정을 통해서 결석의 종류를 대략 예측할 수 있다.
- **요 pH** 요의 산도(酸度)를 표시하는 방식으로 7 이하는 산성, 7 이상은 알칼리성이다. 음식과 신체 대사가 요 pH에 영향을 주고, 요 pH에 따라 생길 수 있는 결석이 다르기 때문

에 수의사가 요 pH와 요 중 함유된 결정 결과를 통해서 결석 성분을 예측할 수 있다.
- **요 비중** 요의 농도를 표시하는 방식이다. 요 비중이 높으면 요에 미네랄 등의 성분이 많이 함유되어 있다는 뜻이다. 요 비중이 높으면 높을수록 결정과 결석이 더 쉽게 나타나니 결석을 예방하고 싶다면 물을 많이 마셔서 요 비중을 감소시키면 된다.

❷ 발생 빈도

비뇨기 결석은 개나 고양이에게 자주 발생하는 질병으로, 생활 방식과 음식 때문에 생긴다. 따라서 바른 생활 방식과 음식 관리를 통해서 결석을 예방할 수 있다. 결석 예방 방식을 설명하기 전에 먼저 왜 결석이 생기는지를 이해해야 한다. 사람의 결석도 마찬가지이지만 결석이 생길 수 있는 '적합한 환경'이 만들어져야 결석이 형성된다. 요 비중이 높거나 특정 결석에 들어 있는 성분이 많으면서 특정 결석이 생기기 쉬운 산도여야 결석이 생긴다는 뜻이다.

반려동물에서 자주 발견되는 결석은 칼슘 옥살레이트(CaOX), 스트루바이트(Struvite), 시스틴(Cystine), 유레이트(Urate) 등이 있다. 다음 장의 도표는 우리나라에서 2016년에 발견된 결석을 분석한 통계 결과이다(이 결과는 특정 동물병원의 결석 데이터를 분석한 결과이므로 정확한 결석 발생 빈도는 아니다). 동물병원에서 분석된 결석은 수술을 통해서 방광에서 제거되거나 일부 결석은 배뇨 시에 저절로 배출된다.

스트루바이트 결석은 유일하게 음식 관리로 용해할 수 있는 결석이다. 수술을 통해서 제거할 필요가 없기 때문에 통계상의 실제 환자 수보다 적게 나타난다. 우리나라 동물병원은 아직 신장 결석을 충격파나 수술 치료로 제거할 수

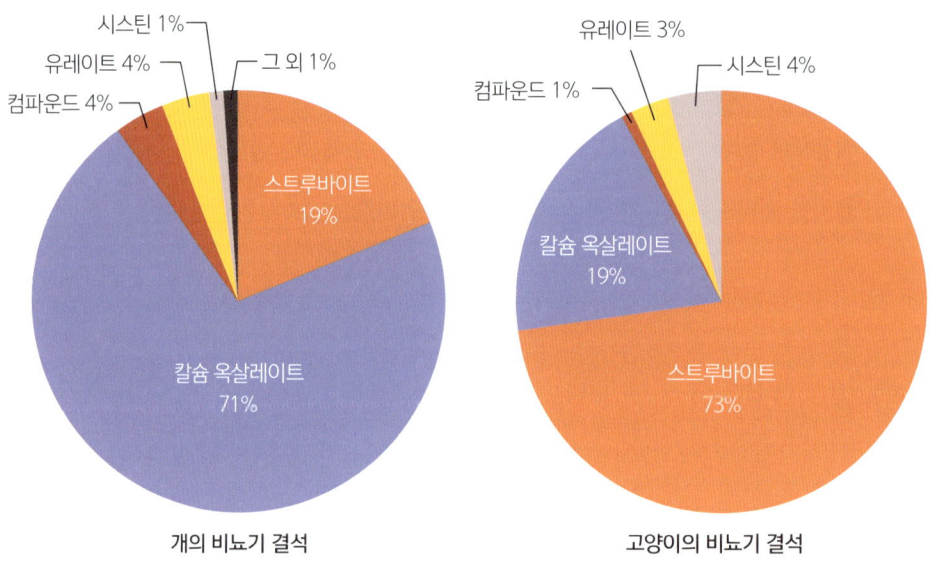

성분별 결석 발생 빈도

있는 상황이 아니기 때문에 분석 결과상에는 신장 결석이 없고 방광과 요도에 있는 결석만 나타나 있다.

전세계적으로 결석 발생 결과를 살펴보면 요크셔 테리어, 푸들, 시추 등 소형견에서 더 많이 발견된다. 중성화된 암컷 개에게는 스트루바이트 결석이 많이 나타나고, 중성화된 수컷 개는 칼슘 옥살레이트 결석이 더 많이 생긴다. 고양이의 경우 두 살에서 일곱 살 사이의 암컷은 스트루바이트 결석 위험도가 더 높고, 여덟 살 이상과 수컷 고양이에게는 칼슘 옥살레이트 결석이 더 많이 생긴다.

예방을 위한
영양 및 생활 지침

결석의 종류에 따라 형성되는 환경이 다르지만 공통적으로 요의 농도가 높을 때 발생한다. 정확한 표준은 아니지만 특별한 음식과 보충제를 먹이지 않은 경우 요 색깔로 요의 농도를 대략 알 수 있다. 사람과 마찬가지로 물을 많이 마시면 요 색깔이 엷어지고, 충분히 마시지 않으면 색깔이 진해진다. 집에서 반려견의 화장실 패드를 바꾸면서 요 색깔과 결석, 피가 묻어 있는지를 주의 깊게 관찰하는 것이 매우 중요하다.

❶ 물

물을 많이 마시면 결석을 예방하는 효과뿐 아니라 전체 신체 대사와 질병을 예방하는 효과도 볼 수 있다. 그러나 반려동물에게는 사람처럼 건강을 위해서 물을 많이 마셔야 한다는 인식이 없기 때문에 보호자들이 신경 써서 물을 많이 마실 수 있도록 도와주어야 한다. 특히 고양이는 천성적으로 물을 잘 마시지 않기 때문에 일부러 유도하지 않으면 결국 물 부족으로 인한 결석, 신장병 등의 문제가 일어난다.

항상 깨끗한 물을 제공한다

음수량을 증가시키려면 항상 깨끗한 물이 준비되어 있어야 한다. 가능하면 사람이 마실 수 있는 물을 주는 것이 좋다. 신선하고 깨끗한 물에도 세균이 존재하며, 한 번 마시면 입에 있는 세균이 물에 들어가서 세균 수가 증가한다. 세균은 번식 속도가 빠르기 때문에 시간이 지나면 물이 변질돼서 냄새가 예민한 동물은 먹으려 하지 않는다 . 또 세균이 많은 물을 마시면 목에 염증이 일어날 수 있다는 사람의 연구 결과도 있는 만큼 조심해야 한다. 특히 온도가 높은 여름에는 세균이 번식하는 속도가 더 빠르니 물을 자주 바꿔 주는 것이 좋다.

올바른 급수기의 선택

급수기는 잘 선택해야 한다. 사진 1의 급수기는 물을 마시기 불편해서 한 번에 마실 수 있는 양이 일반 그릇보다 적다. 고양이의 경우 흐르는 물을 더 좋아하므로 사진 2와 같은 분수 형태의 급수기를 사용하면 물을 더 마시도록 유도할 수 있다.

맛이 나는 물

물에 맛을 더해 주는 방법으로 물을 많이 먹이는 경우가 있다. 그러나 질병이 있을 때는 수의사와 상담해서 확인하고 주는 편이 안전하다. 대부분의 개와 고양이가 좋아하는 육수를 최대한 희석하여 주면 물을 많이 먹일 수 있다고 해서 육수가 들어 있는 물을 먹이는 경우가 있는데, 육수에는 인과 퓨린 등의 물질이 많이 함유되어 있어서 결석이나 신장 환자한테는 좋은 선택이 아니다.

사진 1

여름에는 시원한 물이나 얼음으로 유도할 수도 있다. 다만 기관지 협착 같은 호흡기 계통 문제가 있는 동물은 차가운 물을 마시게 되면 기침을 유발할 수 있으니 주의해야 한다. 꿀물은 맛이 달고 영양소도

사진 2

많으면서 소화를 도와주는 효과까지 있기 때문에 개에게 좋지만, 꿀에는 미량의 병원성 세균이 존재하므로 어린 동물에게는 주지 않는 것이 좋다. 동물마다 개체에 따라 좋아하는 맛과 방식이 다르므로 집에 있는 반려동물을 관찰하면서 물을 더 많이 마시게 할 방법을 찾으면 된다.

지금까지의 연구 결과를 보면 캔이나 건사료에 물을 타 주는 방식이 제일 쉽고 효과적이다. 먹이는 양을 쉽게 계산할 수 있으며 물을 충분히 마시고 있는지 바로 평가가 가능하다.

❷ 소금

사람에게 결석이 생기면 다음 3가지에 주의해야 한다. 첫째, 물을 많이 마신다. 둘째, 소금 양을 줄이고 짜지 않게 먹는다. 셋째, 단백질을 줄인다.

소금을 많이 먹으면 요에 있는 칼슘 농도가 증가하여 결석이 더 쉽게 생성된다. 개나 고양이는 스스로 물을 많이 마시지 못하기 때문에 음식에 소금을 많이 넣어 자연스럽게 물을 많이 마시게 하는 방법도 있고 이런 원리로 만들어진 처방사료도 있지만, 이런 방법만 결석을 예방할 수 있는지 효과는 아직까지 충분히 증명되지 않았다. 충분히 물을 마시고 있는 반려동물에게 칼슘이 들어있는 결석(예: 칼슘 옥살레이트)을 예방하고 싶다면 소금을 줄이는 것을 더 권장한다.

❸ 단백질

단백질이 중요한 필수 영양소이긴 하지만 필요한 양보다 많이 먹게 되면 신체에 부담을 줄 수 있다. 특히 결석과 단백질의 연관성은 매우 높다.

단백질 대사 후 생성되는 암모니아(Ammonia)는 스트루바이트 결석에 들어있는 성분이다. 단백질을 많이 먹으면 몸에 암모니아도 많이 생성되어 스트루바이트 결석이 나타날 가능성이 높아진다.

또 단백질이 많이 함유된 고기류를 먹게 되면 동시에 인도 많이 섭취할 가능성이 있다. 대부분의 동물성 단백질에는 인이 많이 함유되어 있는데, 인 역시 스트루바이트 결석에 들어 있는 성분이라서 많이 먹으면 결석이 더 쉽게 생길 수 있다.

단백질과 칼슘의 흡수와 대사도 관계가 있다. 사람의 연구 결과를 보면 적당한 단백질(40~70g)은 칼슘의 흡수를 도와주고 뼈의 건강을 유지하게 하지만 너무 많은 단백질(140g)을 섭취하면 뼈에 있는 칼슘까지 배출하게 한다. 그러면 요에 칼슘의 배설이 증가해서 칼슘이 들어 있는 결석인 칼슘 옥살레이트의 발생 기회가 많아진다.

아직 동물에게 적당한 단백질의 양에 대한 연구 결과는 없지만 미국 사료 협회에서 정한 최소 권장량은 DMB로 개 18%, 고양이 26%이다.

④ 수산

수산은 칼슘 옥살레이트 결석의 성분이다. 칼슘 옥살레이트 결석의 예방에

수산 함량	높음	중간	적음
탄수화물	옥수수 고구마		쌀 면
단백질	두부		유제품 고기류 달걀
채소	샐러리 가지 시금치 피망 호박 오이	아스파라거스 양상추 토마토 무 브로콜리	양배추 콜리플라워 당근 껍질 벗긴 오이
과일	블루베리 크랜베리 딸기 귤 키위	사과 오렌지 배 복숭아	바나나 멜론 체리

(재배 환경에 따라 수산 함량이 다를 수 있다.)

음식 속의 수산 함량

는 칼슘보다 수산이 더 중요한 역할을 한다. 일반적으로 짙은 녹색 채소에 많이 함유되어 있는 수산을 많이 먹으면 요로 배설되어 칼슘 옥살레이트가 더욱 쉽게 생긴다. 따라서 칼슘 옥살레이트 결석을 예방하고 싶다면 수산을 함유하는 음식표를 참고하여 적게 먹이도록 한다. 수산은 수용성이라서 채소를 삶아 물에 용해시킴으로써 양을 줄일 수 있다. 녹색 채소를 주고 싶다면 삶아서 물을 버리고 사용하면 된다.

❺ 칼슘

칼슘 옥살레이트처럼 칼슘이 함유된 결석이 많지만 실제 먹는 칼슘과 요에 배설되는 칼슘의 관련성은 크지 않다. 칼슘은 몸에서 많은 기능을 담당한다. 음식의 섭취와 뼈, 혈액, 그리고 요의 대사와 매우 밀접하게 작용하며 평형을 유지하고 있다.

많은 사람들이 시금치에 있는 수산과 두부에 있는 칼슘을 같이 먹으면 결석이 생길 수 있다고 생각하지만 음식 속에 있는 수산은 칼슘과 만나면 바로 소화기에서 칼슘 옥살레이트를 형성하므로 흡수되지 않고 대변을 통해 배설된다. 반대로 음식 중에 수산만 많이 함유되고 칼슘이 없으면 수산을 다량 흡수해서 결국 비뇨기에서 옥살레이트 결석이 더 쉽게 나타난다. 그러므로 수산이 있는 음식을 먹이면서 칼슘도 충분히 제공하면 수산의 흡수를 감소시키는 효과가 나타나 오히려 칼슘 옥살레이트 결석을 예방할 수 있다. 따라서 과량은 아니지만 충분한 칼슘을 먹일 필요가 있다.

❻ 비타민 C

사람의 몸에는 비타민 C를 만드는 효소가 없기 때문에 음식을 통해서 섭취해야 하지만, 정상적인 개와 고양이는 스스로 충분한 비타민 C를 만들 수 있어서 음식으로 따로 섭취하지 않아도 된다. 반려동물의 음식에 굳이 비타민 C를 첨가하는 이유는 비타민 C의 항산화 작용 때문이다.

그러나 비타민 C는 칼슘의 흡수를 돕는 효과가 있고 비타민 C 자체가 대사 후에 수산으로 만들어지므로 이론적으로는 비타민 C를 과다 섭취하면 칼슘 옥살레이트 결석의 발생률이 증가할 수 있다. 아직 반려동물에 대한 연구는 없지만, 사람의 경우 남성의 비타민 C 섭취량과 신장 칼슘 옥살레이트 결석이 비례적으로 증가한다는 연구 결과가 나와 있다.

개나 고양이 역시 스스로 비타민 C를 만들 수 있기 때문에 과다 섭취하면 칼슘 옥살레이트 결석의 위험성이 증가한다. 이미 칼슘 옥살레이트 결석 환자인 경우 비타민 C가 많이 함유된 음식은 피하는 것이 좋다. 귤, 오렌지, 키위, 딸기, 크랜베리, 블루베리, 수박 등 과일과 브로콜리, 양배추, 콜리플라워, 시금치, 토마토 등의 채소에 비타민 C가 많이 함유되어 있으니 결석 환자에게 줄 때는 조심해야 한다.

❼ 요 pH

음식을 통해서 결석이 쉽게 생기지 않는 요 pH를 만들게 되면 결석이 덜 생기거나 용해할 수 있다. 아직까지 음식을 통해서 용해할 수 있는 결석은 스트루바이트 하나뿐이다. 스트루바이트 결석의 경우 알칼리성일 때 더 많이 생기기 때문에 음식을 통해서 요를 산성으로 만들면 용해할 수 있다.

음식으로 스트루바이트 용해하기

스트루바이트 결석의 경우 처방사료를 통해서 용해할 수 있기 때문에 수술할 필요가 없다. 처방사료로 스트루바이트를 용해하는 원리는 3가지가 있다.

1. 요 pH 산성화
스트루바이트 결석은 알칼리성일 때 더 많이 생기니 요를 산성으로 만들 수 있는 음식을 먹이면 스트루바이트가 덜 생기고 용해할 수 있다.

2. 수분과 소금이 많이 함유된 음식
수분이 많은 음식을 통해서 최대한 물을 섭취하게 만들고, 추가적으로 짠 음식을 만들어서 반려동물이 스스로 물을 더 많이 먹게 유도한다. 결과적으로 요 비중이 최대한 줄어 스트루바이트 결석이 생길 수 없는 환경이 만들어진다.

3. 스트루바이트 형성에 필요한 영양분을 최소량으로 유지한다
스트루바이트는 인, 암모니아, 마그네슘으로 형성되어 있기 때문에 음식 중에 이를 형성할 수 있는 단백질을 최대한 줄이면 스트루바이트 결석이 생길 수 없는 신체 환경이 만들어진다.

다만 이런 처방사료는 영양이 균형 있게 들어 있지 않아서 장기간 먹일 수 없으며 수의사의 지시에 따라 관리해야 한다. 잘 모르고 먹이는 경우 칼슘 옥살레이트 등 산성에서 자랄 수 있는 결석이 생길 수 있으므로 스스로 구매해서 사용해서는 안 된다.

⑧ 기타 요소

세균 감염

세균성 요도 감염이나 방광염이 있을 때 세균의 효소를 통해서 요가 알칼리성으로 바뀌면 스트루바이트 결석이 더 쉽게 나타날 수 있다. 스트루바이트 결석이 있는 개의 경우 대부분 세균 감염이 동반되어 있으니 음식으로 스트루바이트 결석을 용해하면서 항생제 치료를 같이 실시해야 한다. 항생제를 사용할 때는 수의사의 지시에 따라 복용한다. 스스로 약을 끊으면 세균 항생제 내성이 생길 수 있으므로 완치할 때까지 항생제를 먹여야 한다.

고양이의 스트루바이트 결석은 대부분 특발성이라서 세균 감염이 없지만 세균에 감염된 경우 마찬가지로 항생제로 관리해야 한다.

배뇨 습관

집에서 배뇨하는 반려동물은 문제가 없지만 꼭 집 밖에 나가서 배뇨하는 반려동물은 결석의 가능성이 더 높다. 정상적으로 오줌을 싸고 싶을 때 바로 싸는 것이 가장 건강하다. 앞에 설명한 바와 같이 요의 농도 증가는 바로 결석이 생기는 필수 조건이다. 밖에서만 배뇨할 수 있는 반려동물은 요의가 있을 때마다 참다가 결국 방광에 있는 물을 재흡수하면서 요 비중이 높아져서 결석이 더 쉽게 생긴다. 그러므로 가능하면 집에서 배변을 못하더라도 배뇨를 할 수 있게 교육하는 것이 좋다. 밖에서만 배뇨하는 반려견은 자주 나갈 수 있게 해야 한다. 적어도 하루 5번 이상 배뇨하러 나갈 수 있도록 해야 한다. 혈뇨, 배뇨 곤란, 배뇨 수 증가 등의 현상을 발견하면 바로 동물병원을 방문하여 정확한 진단을 받아야 한다.

치료와 관리 방식은 결석의 종류에 따라 다르다. 환자의 품종, 나이, 성별, 그리고 요 검사, 초음파 등의 결과를 통해서 결석 종류를 대략 예측할 수 있다. 스트루바이트 결석의 가능성이 제일 높으면 스트루바이트 전용 처방사료로 용해할 수 있기 때문에 수술을 하지 않아도 되지만 음식으로 용해할 수 없거나 다른 결석이 있는 경우는 수술을 통해서 치료해야 한다. 결석 종류를 알아야 예방법을 찾을 수 있으니 수술한 후에 결석 분석을 하는 것이 좋다. 간염이 되어 있으면 항생제를 함께 사용하고, 간 대사에 문제가 있으면 간 문제를 같이 치료해야 효과를 기대할 수 있다.

어떤 사람은 결석이 생기고 어떤 사람은 생기지 않는 것처럼 개나 고양이 중 특별히 쉽게 결석이 생기는 환자는 재발 가능성이 일반 반려동물보다 높으므로, 결석이 한 번 발생해 본 적이 있다면 꾸준히 관리해야 한다. 아직까지 결석이 생기는 기전을 정확히 알지 못해서 완벽하게 예방할 수는 없지만 음식과 생활 습관으로 관리하면 재발 기회를 낮출 수 있다.

소화기 질환의 영양 관리

위장염

　이사하는 날 시어머니가 김밥을 싸주셨는데 짐 정리로 너무 바빠서 김밥이 있다는 것도 잊은 채 하루가 지나고 말았다. 남편이 상한 김밥을 발견하고 쓰레기 봉투에 넣어 놓았는데 다음 날 버리려고 보니 먹보인 둘째 개가 울타리를 넘어가서 몰래 비닐을 뜯고 상한 김밥을 다 먹어 버린 후 방바닥 여기저기에 구토를 한 적이 있다.

　상한 음식을 먹을 때 뿐만 아니라 사람처럼 갑자기 고지방 음식이나 고기를 너무 많이 먹으면 개도 소화불량으로 설사를 할 수 있다. 이런 경우를 특히 명절 때 병원에서 자주 볼 수 있다. 가끔씩 조리하지 않은 생식을 먹이다가 세균성 장염에 감염되는 경우도 있다. 급성 위장염은 생활 속에서 흔히 나타날 수 있는 문제이고, 단순한 설사나 구토에서 가끔 심한 설사나 혈변까지 일어날 수 있으며 독성을 흡수해서 중독이 되면 생명이 위태로울 수도 있다. 이럴 때는

증상이 발생하기 전에 먹고 있던 음식을 잘 기록한 후 병원에 데려가서 수의사의 지시에 따라 행동해야 한다

① 5가지 영양 관리 원칙

물

구토 증상이 없는 환자의 경우 물을 많이 먹이는 것이 좋다. 위장염에 걸린 환자는 대부분 구토나 설사 때문에 탈수 증상이 나타날 수 있다. 탈수가 아주 심하거나 구토를 동반한 환자의 경우 병원에서 수액을 맞아야 하지만 심하지 않고 구토도 없으면 입으로 직접 물을 먹이는 것이 좋다. 물이 탈수를 방지하고 소화 과정에서 나쁜 성분을 희석해 신체 내로의 흡수를 줄일 수 있다. 또한 충분한 수분의 제공은 신체가 더 빨리 대사할 수 있도록 도와준다.

미네랄

구토나 설사를 하다 보면 미네랄이 과도하게 배출되어 결국 몸의 전해질 균형이 깨질 수 있다. 일반적으로 급성 위장염의 경우 소화액에 많이 함유되어 있는 칼륨(Potassium, K), 염소(Chloride, Cl), 나트륨(Sodium, Na)이 구토나 설사 때 많이 배출되어 저칼륨혈증(Hypokalemia), 저염소혈증(Hypochloridemia), 저나트륨혈증(Hyponatremia)이 일어날 수 있으니 보충이 필요하다.

전해질을 보충하기 위해서 사람들은 보통 이온 음료를 마신다. 그러나 대부분의 이온 음료에는 당분이 많이 함유되어 있어 삼투압이 높기 때문에 몸

의 탈수 증상을 더 심하게 유발할 수 있다. 그래서 이미 위장 문제 때문에 탈수 증상이 있는 환자에게 사람의 이온 음료를 주게 되면 오히려 더 악화될 수 있다. 꼭 이온 음료를 사용하고 싶다면 수의사의 지시하에 희석해서 사용하는 것이 좋다.

당분이 적으면서 칼륨, 염소, 나트륨이 많이 함유되어 있는 코코넛 워터를 이온 음료 대신 권장한다. 그러나 코코넛 워터 안에는 인이 많이 함유되어 있기 때문에 신장 환자에게는 주면 안 된다. 어떤 음료수라도 한 번에 많이 주면 좋지 않고 소량으로 자주 주는 것이 좋다. 한 번에 많이 주게 되면 흡수를 제대로 못해 설사가 더 심해질 수 있다. 한 번에 먹일 수 있는 양은 반려동물의 체중과 사람의 체중을 비례환산하여 주면 된다.

지방

영양소 가운데 지방의 소화와 흡수가 가장 어려우며, 소화기 문제가 있을 때 지방 함량이 많은 음식을 먹으면 소화기에 더 부담을 줄 수 있다. 하지만 영양소 중 제일 많은 칼로리를 제공할 수 있기 때문에 많이 먹지 못하는 동물에게 조금만 먹여도 많은 에너지를 공급할 수 있다. 지방은 이렇게 양면성을 가지고 있어서 급성 위장염 환자에게 충분히, 적당하게 제공해야 한다. 위장이 안 좋은 환자의 경우 개 12~15%(DMB), 고양이 15~25%(DMB)의 지방이 포함된 음식이 제일 적당하다.

급성 위장염 환자의 에너지원으로 제공하고 싶다면 코코넛 오일을 사용하는 것이 좋다. 앞에서 설명한 것처럼 코코넛 오일을 흡수하는 기전과 일반 지방이 다르기 때문에 더 쉽게 이용할 수 있다.

식이섬유

원래 소화가 잘 되지 않을 때는 섬유소를 많이 먹으면 소화력이 더 악화될 수 있다고 생각해서 섬유소가 많은 음식을 주지 않았지만, 현재는 식이섬유의 좋은 기능이 많이 발견되어 위장 문제가 있는 환자에게도 식이섬유를 제공하고 있다. 식이섬유의 기능은 다음과 같다.

1. 장 운동을 조절할 수 있다.
2. 장 내 독성 물질을 잡아 주고 배설을 촉진시킨다.
3. 장 내의 과다한 물을 결합하고 설사 증상을 완화시킬 수 있다.
4. 대장에 있는 유익균에 영양을 제공하고 생장을 촉진한다.
5. 과도한 위산을 중화시킬 수 있다.

그러므로 위와 장 문제가 있을 때는 충분한 식이섬유를 먹이는 것이 좋다.

소화 잘 되는 음식

위장에 문제가 있을 때 소화가 잘 되지 않는 음식을 먹이면 소화기에 부담을 주고 완치 시간이 더 길어진다. 영양소 균형이 잘 잡히고 필수 영양소가 강화된, 소화기를 위한 처방사료를 권장한다. 이런 처방사료는 특별히 쉽게 소화할 수 있도록 만들어졌고 영양소도 충분히 들어 있기 때문에 몸의 회복을 도와줄 수 있다.

처방 음식을 잘 먹지 않을 때만 따로 음식을 만들어 준다. 위장 문제가 있는 환자를 위해서 재료를 최대한 작게 썰어 유동식처럼 만들어 주는 것이 가장 좋다. 재료는 쉽게 소화되는 달걀, 치즈, 닭고기, 쌀 등을 사용하고 충분한 채소와 소금을 첨가해야 한다.

48시간 이상 금식 시키지 말자

많은 사람들이 구토, 설사 등의 증상이 있으면 소화기를 쉬게 하려고 금식을 시킨다. 그러나 장기간 음식을 먹지 않으면 음식 중의 영양소를 흡수하면서 영양분을 얻는 소장과 대장 내 세포가 영향을 받을 수 있다. 또한 입으로 음식을 먹으면 소화 기관의 혈액 순환이 증가되어 더 빨리 회복될 수 있다. 따라서 48시간 이상 금식하지 않는 편이 좋다.

스스로 먹지 않는 경우 비위관을 장착해서 영양을 제공하는 것이 좋다. 비위관 영양 공급법은 코에 관을 넣어 위장관으로 영양 공급을 하는 방법이다. 많은 보호자가 비위관을 장착하는 것에 거부감을 나타내지만, 연구 결과에 따르면 소화기를 통해서 음식을 조기에 제공하는 것이 환자에게 더 좋다. 특히 고양이는 며칠 동안 음식을 먹지 못하면 바로 지방간이 형성될 수 있다. 그러므로 48시간 이상 스스로 먹지 못할 때는 원인을 찾으면서 비위관을 사용하는 것이 좋다.

변비

통계상 반려견보다 반려묘에게 변비 문제가 더 자주 나타난다. 고양이는 육식동물이라서 고기를 주로 먹다 보니 상대적으로 식이섬유가 부족할 뿐만 아니라 많은 고양이가 물을 잘 섭취하지 않기 때문에 더 쉽게 변비가 일어난다.

경험이 있는 사람은 잘 알고 있겠지만 변비란 고통이 심한 질병이다. 고양이는 신체 구조의 특징 때문에 변비가 심해지면 변이 쌓여서 결장이 커지고, 결장이 커지면 거대 결장이라는 질병이 생긴다. 통과할 수 있는 공간보다 분변의 직경이 굵기 때문에 변을 배출할 수 없는 질병이다. 이런 경우 음식을 통해서는 치료할 수 없고 병원에 가서 관장을 해야 한다. 음식 및 약물 관리를 제대로 진행하지 않으면 변비가 자주 재발하고, 아주 작은 질병인 변비로 시작하여 결국 안락사를 시켜야 하는 고양이도 있다.

거대 결장(Megacolon)

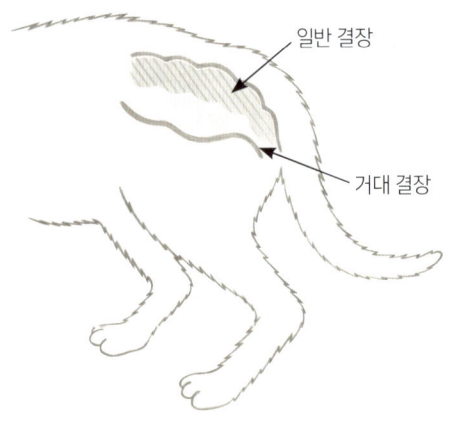
일반 결장
거대 결장

거대 결장은 결장이 비정상적으로 확장돼서 분변이 밀려나지 않는 상태를 말한다. 결국 결장 속에 변이 쌓여 딱딱해질 뿐 아니라 굵어져 변을 제대로 볼 수 없는 질병이다. 개에게는 드물고 대부분 고양이가 걸린다. 거대 결장의 정확한 원인을 잘 몰라서 특발성 거대 결장이라고 부르고 있다.

아직까지 거대 결장이 일어나는 정확한 원인을 찾지 못했지만 비만 고양이가 더 쉽게 거대 결장에 걸릴 수 있기 때문에 비만이 있는 경우 철저히 관리해야 한다. 모든 나이의 고양이에게 발생할 수 있지만 다섯 살 정도의 고양이에게서 가장 자주 발견된다. 암컷보다 수컷 고양이에게 두 배 더 많이 발생하고, 활동을 잘 하지 않는 고양이에게 더 자주 일어난다. 거대 결장을 예방하기 위해서는 편안하고 규칙적인 배변을 유지하고 변비를 예방해야 한다.

❶ 4가지 영양 관리 원칙

변비가 일어나는 상황은 크게 두 종류가 있다. 하나는 변의 부피가 모자라서 형태를 형성하지 못하는 것이다. 다른 하나는 변이 충분히 크지만 너무 딱딱해서 배출하지 못하는 것이다. 변비의 종류에 따라 치료하는 방식이 다르다.

변을 충분히 형성하지 못하는 경우는 식이섬유를 많이 먹어야 한다. 특히 채소에 많이 함유된 불가용 식이섬유가 분변에 부피를 제공하면서 장 내에 있는 폐기물을 잡아주고 배출할 수 있도록 도와준다. 다만 식이섬유를 먹이면 물도 많이 먹여야 한다. 충분히 물을 섭취하지 못하면 결국 변이 딱딱해져서 다른 형태의 변비가 일어날 수 있다.

대부분 반려동물의 변비는 분변이 크지만 너무 단단해서 잘 배출하지 못하는 것이다. 이런 경우에는 충분한 물과 함께 가용성 식이섬유를 강화하면 도움을 줄 수 있다.

물

변비의 예방과 치료에 가장 중요한 영양소가 바로 물이다. 충분한 수분을 섭취하지 않으면 분변에 수분이 모자라서 단단해진다. 하루에 마셔야 하는 수분은 음식에서 섭취되는 수분을 포함해 하루 먹는 칼로리와 같다. 즉 하루 300kcal를 먹는 고양이는 하루 300ml의 물을 마셔야 한다.

가장 쉽고 효과가 좋은 급수 방식은 음식에 물을 첨가하는 것이다. 변비가 있는 반려동물에게는 건사료가 아닌 캔이나 수분이 많이 함유된 음식을 급여하는 것이 좋다. 건사료를 주고 싶으면 물을 섞어서 주어야 한다. 필자 역시 집에서 키우고 있는 고양이에게 최대한 많은 물을 제공하기 위해서 캔사료에 먹을 수 있는 만큼의 물을 추가하고 있다. 개에게 건사료를 줄 때도 마찬가지이다.

식이섬유

식이섬유는 크게 두 가지 종류로 나뉜다. 가용성 식이섬유와 불가용성 식이섬유이다. 가용성 식이섬유는 물에서 용해할 수 있고 물과 결합하는 힘이 강하다. 불가용성 식이섬유는 물에 잘 녹지 않는 대신 분변의 부피를 형성할 수 있다. 변비를 예방하고 싶으면 두 가지 식이섬유를 모두 충분히 섭취해야 한다.

가용성 식이섬유는 물과 결합해서 변을 부드럽게 만들 수 있으므로 반려동물이 단단한 분변 때문에 변을 누지 못하는 경우 충분한 가용성 식이섬유와 물을 함께 먹이는 것이 좋다. 시중에서 쉽게 구할 수 있는 차전자피(Psyllium Husk)는 70%의 가용성 식이섬유와 30%의 불가용성 식이섬유로 구성되어 있어 변비 예방에 좋다. 차전자피를 재료로 사용할 때는 다른 첨가물 없이 100% 차전자피만 사용해야 한다. 사람용 차전자피 제품에는 쉽게 먹을 수 있게 맛과 당분을 첨가하는 경우가 있고, 가끔씩 반려동물의 저혈당을 유발할 수 있는 자일리톨(Xylitol)이 함유되어 있기도 해서 주의를 기울여야 한다. 반려동물에게는 100% 차전자피 제품을 선택하는 것이 안전하다. 그리고 먹일 때에는 충분한 양의 물과 섞어 주는 것을 잊지 말도록 하자.

차전자피를 먹이는 동물은 치아 관리에도 따로 신경 써야 한다. 물을 같이 먹이면 차전자피가 끈적끈적해져서 치아에 달라붙을 수 있다. 그래서 치아 관리를 하지 않으면 치아 상태가 나빠지고 입 냄새가 날 수 있다.

프로바이오틱스와 프리바이오틱스

프로바이오틱스는 요구르트, 김치와 같은 발효 식품에 들어 있는 건강에 좋은 세균이다. 몸에 영양소 제공, 병원균의 감염 예방, 대장암의 예방과 면역 기능

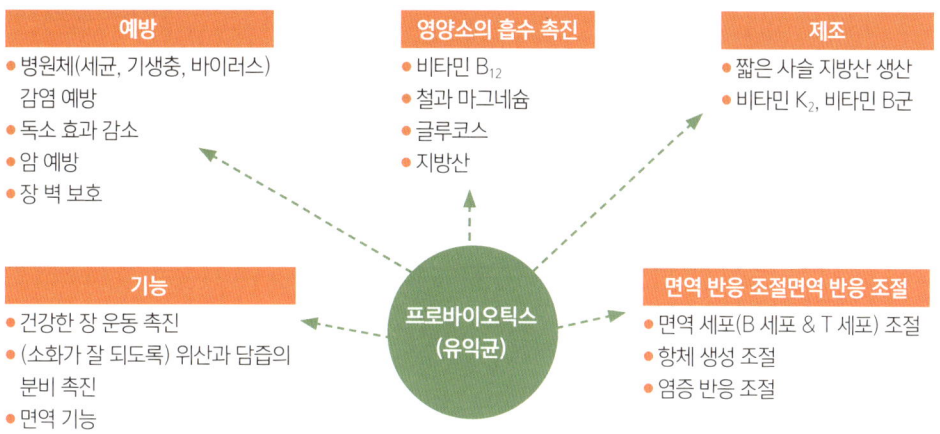

프로바이오틱스(Probiotics)의 건강 효과

개선 등에 효과가 있다. 또한 건강한 장 운동을 촉진시키고 대장 세균의 평형을 유지할 수 있기 때문에 변비를 예방할 수 있다. 특별히 개나 고양이 전용 유산균을 먹일 때 가장 좋은 효과를 기대할 수 있다.

프로바이오틱스와 글자 하나만 다른 프리바이오틱스(Prebiotics)는 쉽게 말하면 프로바이오틱스의 음식이라고 할 수 있다. 반려동물의 체내에서 소화할 수 없는 올리고당, 가용성 식이섬유 등 유익균이 사용할 수 있는 물질이 대장에 도달하여 유익균 증식을 도와준다. 유익균이 증가하면 나쁜 병원균을 억제하고 면역력이 강화되어 소화기 건강을 지킬 수 있다.

소화가 잘 되고 분변의 양을 줄일 수 있는 음식

변비가 있을 때는 많은 음식을 주어서는 안 된다. 특히 고양이에게 거대 결장이 있으면 변이 단단해 막힌 상태라는 뜻인데, 이럴 때 식이섬유가 많이 함유된 음식을 먹이면 결국 막힌 도로가 더 막히는 것처럼 분변이 쌓일 수밖에 없다. 아직 변비가 심하지 않고 변을 볼 때마다 불편하기만 한 경우라면 위에 설명한 식이섬유와 유산균이 함유된 음식으로 관리할 수 있지만, 변을 아예 볼 수 없는 경우라면 빨리 병원에 가서 약물이나 관장을 통해서 분변을 먼저 제거해야 한다.

그리고 변비가 있다면 소화와 흡수가 잘 되는 음식을 먹어야 한다. 특히 변을 잘 누지 못할 경우 흡수가 잘 되는 음식으로 분변의 양을 줄이는 것이 좋다. 반려견은 대부분의 곡물 소화율이 높으며, 특히 쌀의 소화율이 제일 좋으니 변비가 있을 때 사용하면 좋다.

음식을 조금만 먹이면서 충분한 열량을 제공하기 위하여 칼로리를 많이 제공할 수 있는 지방도 충분히 주어야 한다. 또한 지방은 장 안에서 윤활 효과가 있기 때문에 변비에 도움이 된다.

분변의 점수. 분변을 잘 관찰하여 건강을 지키자

날마다 반려동물의 화장실을 청소하면서 분변과 요를 확인하고 질병의 힌트를 발견하자. 혹시 요의 색깔이 이상하거나 결석이 있는지 확인하고 분변의 상태를 통해서 반려동물의 건강상태를 알 수 있다.

옆의 표에서 확인할 수 있는 것은 분변의 점수이다. 점수가 높을수록 수분이 더 많이 함유되어 있고 낮을수록 수분이 없다는 뜻이다. 일반적으로 2점과 3점의 분변이 가장 정상이다.

음식을 바꾸거나 익숙하지 않은 음식을 먹으면 4점이나 5점의 분변도 볼 수 있다. 5점까지는 큰 문제가 없지만 6점처럼 형태가 없는 분변 상태가 지속되면 치료를 받아야 한다. 반대로 1점의 경우는 변비가 있는 상태이다. 이런 분변은 수분이 모자라서 매우 단단하다. 즉시 음식으로 관리하지 않으면 더 심각한 문제가 생길 수 있으므로 방심하지 말자.

1점
견과류 같은 단단한 덩어리

2점
울퉁불퉁한 소시지 같은 모양

3점
표면에 균열이 있는 소시지 모양

4점
부드러운 소시지 또는 뱀 같은 모양

5점
가장자리가 깨끗하고 부드러운 모양

6점
가장자리가 울퉁불퉁하고 푹신하며 무성한 조각

7점
고체 없는 액상 상태

췌장염

췌장염은 사람에게는 많지 않지만 반려동물에게서는 자주 볼 수 있다. 잘 치료하지 않으면 사망할 수도 있는, 반려동물에게 아주 위험한 질병이다. 그러나 췌장염의 증상이 일반 소화기 질병과 유사하다 보니 보호자가 놓칠 수도 있으므로 설사나 구토 문제가 있을 때는 방심하지 말고 병원에 가서 정확한 진단을 받는 것이 좋다.

췌장염의 발생 원인은 아직 완벽하게 알려져 있지 않지만 음식과 연관되어 있다. 반려동물에게 기름과 양념이 많은 사람 음식을 먹이면 췌장염 발생 가능성이 증가하기 때문에 사람이 먹는 음식을 반려동물에게 주어서는 안 된다. 명절 때마다 반려동물에게 제사 음식을 주고 나서 소화 문제가 발생하는 경우를 자주 볼 수 있다. 아무리 가족이라고 생각해도 반려동물은 사람이 아니므로 사람이 먹는 짜고 기름기 많은 음식을 주면 안 된다. 사랑하니까 오히려 반려동물에게 건강한 음식을 주도록 하자.

췌장염은 특별히 코커 스패니얼, 슈나우저, 요크셔 테리어, 콜리 등의 품종에서 자주 나타나고 비만견과 암컷에게 더 쉽게 발병한다. 병원에서 장시간 신장과 심장 질환을 치료하고 있는 동물에게도 췌장염이 자주 발생한다. 아직 정확한 이유를 모르지만 특히 신부전과 심장병이 있는 환자는 음식을 먹을 때 더 조심해야 한다.

급성 췌장염은 잘 치료하면 완치되지만 많은 경우 만성 췌장염이 되며 장기간 약한 췌장 염증을 가지고 있다. 췌장염은 완치해도 재발 가능성이 높으므로 일단 췌장염에 걸린 적이 있다면 평생 동안 음식을 철저히 관리해야 한다.

❶ 4가지 영양 관리 원칙

지방

앞서 설명한 것처럼 지방이 많은 음식을 먹으면 혈중 중성 지방산이 증가하고 췌장염의 발생률이 증가할 수 있어서 췌장염 환자는 지방 섭취량을 제한해야 한다. 일반적으로 지방 함량(DMB)을 개 15%, 고양이 25% 이하로 유지하면 된다. 그러나 비만 동물의 경우 더 쉽게 췌장염이 발생해서 개의 경우 지방 10% 이하, 고양이의 경우 15% 이하로 유지하는 것이 좋다.

단백질

췌장은 몸에서 제일 많은 소화 효소를 만드는 장기이다. 단백질, 지방, 탄수화물의 소화 효소를 모두 분비한다. 췌장염이 있을 때 췌장의 소화 효소는 췌장을 스스로 '소화'시켜서 췌장을 분해하기 때문에 췌장 상태가 더 악화된다. 그래서 급성 췌장염의 경우 췌장이 효소를 분비하지 않고 충분히 휴식하도록 수의사가 환자에게 단식을 시킬 수 있다.

음식 가운데는 단백질과 지방이 췌장에 자극을 주고 췌장 효소의 분비를 증가시킨다. 그래서 췌장의 자극을 줄이기 위해서는 지방뿐만 아니라 단백질도 같이 줄여야 한다. 그러나 췌장이 회복될 때는 단백질도 필요하기 때문에 단백질을 너무 무리하게 줄여서도 안 된다. 췌장염 치료와 예방을 위해서는 개 15~30%(DMB), 고양이 30~40%(DMB)의 단백질을 제공하는 것이 제일 좋다.

항산화제

사람의 췌장염 임상연구 결과에 따르면 항산화제를 처방하면 환자의 아픈 빈도를 줄일 수 있다. 그래서 반려동물 환자에게도 항산화제를 사용하고 있다. 아직까지 반려동물에 관한 연구 결과가 없기 때문에 항산화제의 효과가 증명되지는 않았지만 적어도 몸에 나쁜 영향은 없으므로 첨가하는 것이 좋다.

지방산 오메가3도 췌장염 환자에게 많이 사용하고 있다. 화학 구조상 오메가3의 항산화 효과가 그렇게 강하지는 않지만 신체의 항산화 효소를 강화할 수 있으면서 염증 반응을 감소시킬 수 있다. 그래서 오메가3를 통해서 췌장염의 염증을 감소시키면서 항산화 효과를 기대할 수 있다. 문제는 오메가3가 지방이라 과다 섭취하면 결국 췌장염에 나쁜 영향이 나타나기 때문에 지방 섭취량을 고려하면서 급여해야 한다.

소화 잘 되는 음식

앞에 설명한 것처럼 췌장은 신체에서 가장 많은 소화 효소가 분비되는 장기이기 때문에 췌장염이 생기면 제대로 소화 효소를 만들지 못할 수 있다. 이런 경우 췌장염 환자에게 같은 음식을 먹여도 건강한 반려동물보다 소화와 흡수 효율이 나쁘다. 그러니 음식을 선택할 때는 쉽게 소화할 수 있는 음식을 선택하는 것이 아주 중요하다.

개의 경우 미음처럼 오래 끓여서 먹을 수 있는 탄수화물을 사용하는 것이 좋다. 고양이에게는 쉽게 소화되는 생선이나 닭고기를 제공하는 것이 좋다. 그리고 고양이 췌장염 환자는 종종 비타민 B_{12}가 모자란 경우가 있기 때문에 비타민 B_{12}가 많이 함유된 연어, 깨끗한 동물의 간을 주는 것도 좋은 선택이다.

신장병의 예방 및 영양 관리

검진과 예방

❶ 검진

만성 신장병(Chronic Kidney Disease, CKD)은 개나 고양이에게 자주 나타나는 질환으로, 신장의 기능이 손상되어 신체 내 질소가 함유된 폐기물이 제대로 배설되지 못하고 몸에 누적되는 질환이다. 반려동물용 신장 기능 혈액검사로 BUN, 크레아티닌, SDMA가 있다(30p참조).

BUN은 혈중 요소를 측정한다. 요소는 간의 아미노산과 암모니아에서 생성되어 신장을 통해 배설되기 때문에 신 기능의 지표로 사용되고 있다. 하지만 요소는 신 기능 이외에 음식(단백질), 간 기능 변화 등에 따라서도 수치가 달라질 수 있다. 그래서 BUN만 가지고 신 기능을 평가하기는 어렵고 크레아티닌을 같이 검사해야 한다.

크레아티닌은 근육의 크레아틴(Creatine)으로부터 생성되며 신장을 통해서 배출된다. BUN과 다르게 신장 기능 이외의 영향이 적어 신 기능을 평가하는 데 더 정확하다. 국제 신장 학회인 IRIS(International Renal Interest Society)에서는 크레아티닌의 수치에 따라 신부전 상태를 평가하고 있다. 아래 표에 나오는 것처럼 총 4가지 단계로 나뉘며 수치가 높으면 높을수록 신장 상태가 나빠져서 관리 방식도 바꿔야 한다.

혈액 검사에서 크레아티닌의 정상 수치는 개 1.4mg/dl, 고양이 1.6mg/dl 이하이다. 정상 수치보다 초과했을 때는 신장 기능이 이미 75% 이상 망가진 상태를 의미한다. 크레아티닌이 정상 수치라도 신장에 문제가 나타날 수 있으며, 정상 범위하의 혈액 크레아티닌의 농도가 신장 상태와 비례 관계는 아니다. 다시 말해 정상 범위에 있는 크레아티닌 결과를 통해서 신장의 상태를 알 수는 없다.

예를 들어 고양이 혈액 검사 결과에서 크레아티닌 1.5mg/dl가 나와도 신장 기능에 문제가 없다는 것을 판단할 수 없다. 정상 범위에 있는 결과에서 숫자

		1단계	2단계	3단계	4단계
크레아티닌 (mg/dl)	개	<1.4	1.4-2.0	2.1-5.0	>5.0
	고양이	<1.6	1.6-2.8	2.9-5.0	>5.0
SDMA(μg/dl)		>14	>14	≥25 → 3단계를 고려한다	
					≥45 → 4단계를 고려한다

IRIS 신부전 평가표

가 높으면 높을수록 신장 기능이 더 악화되는 것이 아니라서 더 일찍 신부전을 발견하려면 SDMA 검사를 통하여 신장 기능에 40% 정도 문제가 있을 때를 찾아낼 수 있다.

SDMA는 90% 이상 신장으로 배출되면서 신장 기능을 평가하기 좋은 지표이므로 평균 40% 신 기능 손상일 때 수치 상승을 보이기 시작한다. 개나 고양이의 SDMA가 14μg/dl보다 높으면 IRIS에서 만성 신부전 1단계로 판단한다.

❷ 예방

음식(예를 들어 포도)을 잘못 먹어서 급성 신장병이 발생한 반려동물이 살아남아 만성 신장병이 되는 경우도 있지만 아직까지 정확한 만성 신장병 발생 원인을 다 알지는 못한다. 반려동물의 나이가 많아지면서 대부분 신장 기능이 퇴화하기 시작하고, 이럴 때 단백질과 인을 많이 섭취하면 퇴화된 신장에 부담을 주면서 더 많은 손상을 일으키게 된다. 아직까지 반려동물에 대한 단백질 최대 권장량의 연구 결과가 없기 때문에 어릴 때부터 매년 신체검사를 실시하는 것이 좋다.

몸이 지나치게 섭취한 단백질을 충분히 처리할 수 없으면 혈액 수치상의 BUN이 정상 범위보다 높게 나타날 수 있다. 이런 경우 단백질 함량이 더 적은 음식으로 바꾸는 것이 안전하다. 필자의 경험상 성견 사료 중에 단백질 함량이 33%(DMB) 이상일 때 BUN 수치가 정상보다 높게 나타날 수 있으니 반려견 사료를 선택할 때 28%(DMB) 정도의 사료를 선택하면 좋다.

주식을 주거나 간식을 선택할 때 인과 칼슘의 비례는 1대1에서 1대2까지 유지해야 한다. 대부분 고기로 만드는 간식의 경우 인이 너무 많이 함유되어 있으면서 단백질도 과도하게 함유되어 있기 때문에 좋은 간식이 아니다. 육포 등 고기 간식을 먹일 때는 반려동물의 신체 크기와 상태를 고려해서 먹이기 바란다.

영양
관리

신장은 일단 손상이 생기면 다시 회복할 수 없기 때문에 남은 신장 세포가 더 이상 손상을 일으키지 않도록 유지하는 것이 가장 중요하다. 만성 신장병 환자의 건강 목표는 아래와 같다.

❶ 요독증(Uremia)이 나타나지 않게 한다

신장을 통해서 요소(Urea)를 몸 밖으로 배출해야 하는데 신장 기능이 떨어지면 요소가 몸에 누적되어 요독증이 나타난다. 신장병의 주된 증상은 바로 요소로 인한 것이다. 그래서 정상 신체 대사를 유지하려면 요소 생성 원인을 최대한 줄이면서 신장을 통하지 않고 요소를 배출하는 것(분변)을 최대한 늘려야 한다.

단백질

단백질은 소화 흡수 후에 간을 통해 요소를 형성하므로 단백질을 많이 먹으면 요소를 더 많이 생성한다. 그러므로 필수 아미노산을 충분히 제공하고 단백질을 최대한 줄이는 것이 좋다. 신장 문제가 있을 때는 필수 아미노산이 많이 함유된 좋은 단백질 식품을 사용하는 것이 좋다. 그래야 많이 먹지 않아도 필수 아미노산을 제공할 수 있다.

일반적으로 동물성 단백질에 더 많은 필수 아미노산이 함유되어 있다. 동물성 단백질인 달걀 흰자, 닭고기, 우유, 쇠고기와 식물성 단백질인 대두가 필수 아미노산이 많이 함유되어 신장 환자에 좋은 단백질 재료로 사용할 수 있다. 신장 환자의 단백질 권장치는 개 14~20%(DMB), 고양이 28~35%(DMB)이다.

가용성 식이섬유(프리바이오틱스)

장 내 세균총(프로바이오틱스)은 생장할 때 혈액 중의 요소를 사용하고 분변과 같이 배설된다. 신장 문제가 있는 환자는 소변을 통해서 제대로 요소를 배설하지 못하므로 대장 세균총이 도와주면 몸에 있는 요소를 줄일 수 있다. 장 내 세균총이 더 건강하게 유지되고 더 활발하게 생장하기 위해 세균의 음식(프리바이오틱스)인 가용성 식이섬유를 충분히 제공하면 도움이 된다.

❷ 신체 수화(水和, Hydration) 상태를 유지한다

정상 신장에서는 요소를 농축하여 높은 농도의 소변을 만드는데 신장병 환자는 소변을 농축하지 못하는 한편 요소를 배설하기 위해서 농도 낮은 소변을 더 많이 배출한다. 결국 다뇨(多尿, Polyuria) 증상이 나타나고, 충분한 수분을 보충하지 못하면 탈수 문제도 동반할 수 있다. 그래서 항상 깨끗한 물을 제공해야 하고 가능하면 수분이 많은 음식(예를 들어 캔사료)을 주는 것이 좋다.

❸ 정상 신체 전해질 상태를 유지한다

인

아직 완전히 원인이 밝혀지지 않았지만 신장 환자에 인을 제한하면 훨씬 더 오래 살 수 있다는 연구 결과가 있기 때문에 인의 섭취를 제한하는 것이 좋다. 신장병이 있으면 신장에서 인의 배출 능력이 감소되고, 인을 과다 섭취하면 신체가 인의 평형을 유지하기 위해서 부갑상선 호르몬을 다량 분비해야 한다. 이 부갑상선 호르몬의 보상 작용으로 신장은 더 많은 손상을 받게 된다.

지금까지의 연구 결과를 보면 적당한 인의 양으로는 개 0.2~0.5%(DMB), 고양이 0.3~0.6%(DMB)를 유지할 때 수명 연장의 효과가 가장 좋다. 대부분 단백질 음식(특히 동물성 단백질)에는 인의 함유량도 많기 때문에 단백질을 제한하면 인도 함께 감소한다. 그러므로 신장 환자에게는 육포, 치즈, 달걀 노른자 등의 음식을 제한해야 한다. 채소 중에는 브로콜리에 인이 많이 함유되어 있으므로 사용에 주의를 기울인다.

소금

신장 기능이 손상 받으면 나트륨의 배출 능력이 감소되고, 나트륨이 몸에 과량

누적되면 수종이 생기고 고혈압이 나타날 수 있다.

고혈압이 생기면 신장이 망가지는 속도가 빨라지고 수명이 더 짧아진다. 아직까지 정확한 이유는 모르지만 고혈압과 신장병이 동시에 발생하는 경우가 많다. 신장병을 잘 관리하려면 혈압 조절이 매우 중요하며 소금을 조절하면 신장 손상 속도를 지연할 수 있다. 현재까지 신장 환자의 소금 권장량은 개 0.75%(DMB), 고양이 1.0%(DMB) 이하이다.

그러나 소금을 과도하게 제한해도 오히려 고혈압을 유발할 수 있다. 따라서 무조건 제한하지 말고 AAFCO 반려동물의 소금 최소 권장량인 개 0.2%(DMB), 고양이 0.5%(DMB) 이상은 지키도록 하자.

칼륨

신장병 환자는 식욕이 떨어지면서 칼륨 섭취량이 모자라는 경우가 많다. 더구나 신장 기능에 문제가 있으면 칼륨의 배출이 증가하여 대부분의 신장병 환자에게 저칼륨혈증이 나타난다. 그러나 신장병 말기 환자는 반대로 고칼륨혈증의 경우가 더 많다. 또 고혈압을 관리하기 위해서 약물을 사용하게 되면 약물 종류에 따라서도 고칼륨혈증을 일으킬 수 있다.

칼륨은 신체 내에서 중요한 역할이 담당하며 특히 나트륨과 함께 작용하여 체내의 수분 양과 산-알칼리 균형을 조절하면서 정상 혈압 유지, 근육의 수축과 이완 등에 영향을 미친다. 그러므로 정상 범위를 유지하지 못하면 실신하거나 심하면 생명을 잃을 수도 있다. 신장병 개의 칼륨 권장치는 DMB 0.4~0.8%, 고양이는 0.7~1.2%이지만 칼륨 상태를 확인하기 위해서 꾸준히 혈액 검사를 실시하고 결과에 따라 음식이나 약물로 치료해야 한다.

칼륨 함량	높음	중간	적음
과일	바나나 키위 참외 멜론 체리 복숭아	귤 대추 배 딸기 수박 오렌지	사과 자두 파인애플 블루베리 크랜베리
곡물·채소	감자 고구마 토마토 단호박 시금치 브로콜리	상추 케일 연근 우엉 열무 애호박	당근 배추 양상추 양배추 가지 무

음식 속의 칼륨 함량

④ 충분한 에너지를 제공한다

사람 신장병 환자는 맛에 대한 느낌이 정상인과 다르다. 많은 환자가 쓰지 않은 음식을 먹어도 쓴맛이 난다고 호소하다 결국 음식을 거부하고 충분한 칼로리를 섭취하지 못한다. 반려동물에게는 맛을 물어볼 수 없지만 아마도 마찬가지일 것이다. 아플 때는 식욕이 떨어지면서 맛에 대한 느낌이 달라서 음식에 대한 관심이 많이 떨어진다.

그러나 정상 신체 대사를 유지하기 위해서는 충분한 에너지를 섭취해야 한다. 에너지를 제공할 수 있는 3대 영양소(탄수화물, 지방, 단백질) 중에 신장병 환자에게는 단백질을 제한하고 탄수화물보다 지방을 많이 사용하는 것이 좋다.

더 많은 음식을 먹이기 위하여 신장병 환자가 특별히 좋아하는 음식을 찾아내어 사용하는 것도 고려할 수 있다. 앞에 설명한 것처럼 신장병 환자의 입맛은 정상 동물과 달라서 신장병이 발생하기 전에 좋아하는 음식과 발병한 후에 좋아하는 음식이 다를 수 있다. 그래서 신장 처방사료를 개발할 때 신장 환자를 모아서 신장 환자의 기호성을 따로 연구하는 것처럼 집에서 환자 음식을 만든다면 환자가 좋아하는 재료를 찾아서 만드는 것이 좋다.

❺ 신장 손상의 속도를 지연시킨다

오메가3

신장 세포가 손상을 받으면 염증 반응이 나타나면서 더 많은 세포를 죽일 수 있다. 오메가3가 이런 악순환을 멈출 수 있다. 지금까지 신장 환자의 오메가6 대 오메가3의 비례는 1대1에서 7대1까지이고 권장량은 DMB 0.4~2.5%이다. 생선 오일(EPA)은 신장 염증을 감소시키는 효과가 특히 좋다.

항산화제

화학적으로 반응성 있는 분자인 활성산소(Reactive Oxygen Species, ROS)는 신체 내 세포를 공격하고 손상시켜서 건강에 나쁜 영향을 준다. 항산화제가 활성산소의 반응성을 제거하여 신장 손상의 속도를 감소시킬 수 있다. 항산화 효과가 있는 비타민 C, 비타민 E와 베타카로틴(비타민 A) 등 비타민뿐 아니라 루테인(Lutein), 플라보노이드(Flavonoids) 등의 항산화제도 신장 손상 속도를 지연시킬 수 있다. 색깔이 화려한 천연 음식에는 대부분 항산화제가 많이 함유되어 있다. 블루베리가 개, 특히 고칼륨혈증이 있는 신장병 환자에게 좋은 간식이 된다. 저칼륨혈증일 때는 칼륨과 항산화제가 많이 함유되어 있는 체리를 먹이는 것이 좋다.

비타민 B 복합체

비타민 B 복합체란 티아민(B_1), 리보플라빈(B_2), 나이아신(B_3), 피리독신(B_6), 판토텐산, 코발라민(B_{12}), 엽산, 비오틴 8종의 비타민 총칭이다. 모두 물질 에너지 대사에 관계하는 효소 반응의 조효소들이고 수용성이라서 소변으로 같이 배설된다. 대부분의 신장병 환자가 소변 배출량이 증가하면서 수용성 비타민의 배출량도 증가한다. 수용성 비타민은 신체에 저장되는 양이 적어서 음식으로 보충하지 않으면 바로 결핍이 나타날 수 있으니 다뇨 환자의 경우 수용성 비타민 B군을 특별히 추가해야 한다.

❻ 혈액 검사 결과가 정상 수치가 되면 일반 음식을 먹여도 될까?

그렇지 않다! 만성 신장병 환자도 충분한 수액 치료와 음식 관리를 통해서 신장 수치(BUN, 크레아티닌)가 다시 정상 범위에 들 수 있지만 신장이 정상적으로 회복되는 것이 아니기 때문에 계속 신장병을 위한 처방식으로 관리해야 한다.

많은 보호자가 혈액 수치가 '정상'이 되면 '회복'됐다고 생각해서 일반 음식을 먹이기 시작한다. 그러나 사실은 앞에 설명한 것처럼 일단 손상 받은 신장은 기능을 회복하지 못한다. 신장 질병의 치료 원리는 손상된 신장을 다시 정상적으로 만드는 것이 아니라 남은 신장 세포를 더 이상 손상되지 않게 하는 것이다.

크레아티닌 수치가 일단 나타나게 되면 75% 이상의 신장 세포가 벌써 쓰지 못하는 상태가 되었다는 뜻이다. 치료해도 손상된 세포를 다시 살리지는 못한다. 혈액 검사가 정상적으로 나타날 수 있는 이유는 수액과 음식 관리를 통해서 신장 부담을 줄이고 혈액 속 폐기물 농도를 감소시켰기 때문이다. 이럴 때 일반 음식을 다시 주게 되면 손상된 신장이 과량의 단백질, 인, 소금을 대사하지 못해 바로 요독증이 나타날 수 있다. 따라서 일단 신장병을 진단 받았다면 혈액 검사 수치가 떨어져도 치료용 음식으로 계속 관리해야 한다.

많은 보호자가 처방사료는 질병이 있는 환자를 위해서 만드는 것이라 오랫동안 먹일 수 없다고 생각한다. 그러나 좋은 처방사료는 장기간 급여 실험까지 통과했기 때문에 건강한 반려동물에게 장기간 급여해도 건강을 유지할 수 있다. 신장병 환자는 전문 수의사의 지시를 따라야 하며 스스로 처방 음식을 중단하지 않아야 더 좋은 결과를 얻을 수 있다는 것을 꼭 기억해야 한다.

간 질환과 담석의 예방 및 영양 관리

간 질환의
개요

간은 1,500가지 이상의 신체 대사 기능을 가지고 있는, 생존을 위해 꼭 필요한 장기이다. 간에 문제가 있을 때는 무기력증, 식욕감퇴, 구토, 체중 감소와 다음(多飮, 과도한 목마름), 다뇨(多尿, 많은 양의 소변) 등의 증상이 자주 나타난다. 반려동물에게 위와 같은 증상이 있으면 빨리 검사하고 원인을 찾아야 정확한 치료를 받을 수 있다.

반려동물은 사람과 달리 술을 마시지 않으므로 사람에게 제일 자주 발생하는 알코올성 지방간이 없는 대신 다른 간 문제가 더 자주 발생한다. 반려동물은 일차적인 간 문제보다 다른 질병 때문에 받는 이차적인 간 손상의 경우가 더욱 많다. 이런 이차적인 간 문제를 반응성 간 질환(Reactive Hepatitis)이라고 한다. 여기서는 단순한 간 기능 손상이 있을 때의 영양 관리 원칙만 설명한다. 반응성 간 질환 환자의 경우에는 다른 질병을 같이 고려해서 관리해야 한다.

지방간

지방간은 고양이의 간 관련 질병 중 제일 흔한 것이다. 고양이가 며칠간 음식을 먹지 않으면 간에서 단백질을 소모하여 지방으로 저장하게 된다. 그러다 과량의 지방을 간에 저장하게 되면 지방간이 생긴다. 그러니 지방간을 예방하기 위해서는 날마다 고양이가 밥을 먹고 있는지, 얼마나 먹고 있는지 확인해야 한다.

고양이가 음식을 제대로 먹고 있지 않다면 빨리 원인을 찾아 치료해야 한다. 치료하면서도 식욕이 다시 회복되지 않거나 입원 중에 스트레스 때문에 음식을 계속 먹지 않으면 급식관을 사용하는 것을 고려해야 한다. 많은 보호자가 급식관으로 강제 급식하는 것을 싫어하지만 빨리 영양을 제공해야 지방간의 예방, 소화 능력의 유지와 체력 회복에 도움을 줄 수 있다. 수의사가 가장 좋은 결과를 얻기 위해서 급식관을 사용할 때 거부하지 않기 바란다.

지방간이 생기면 담즙울체가 쉽게 생기고 정상 간 기능을 유지하지 못하면 더 복잡한 상황이 일어날 수 있기 때문에 방심해서는 안 된다. 그리고 고양이에게 지방간이 이미 생겼다면 영양이 많고 소화가 잘 되는 음식을 주어야 한다.

음식을 제대로 먹지 않는 고양이의 지방간과 비만이나 과도한 지방 섭취로 발생한 지방간은 서로 다르다. 비만이나 과도한 지방의 음식 습관 때문에 일어나는 지방간 환자의 경우 비만 관리 방식(Chapter 5 참조)으로 음식 관리를 하면 되지만, 지금 설명하는 지방간은 충분히 칼로리를 제공하고 소화가 잘 되는 음식을 주어야 한다.

1 영양 관리

충분한 단백질과 필수 아미노산

고양이 지방간 환자의 첫 번째 관리 목표는 충분한 단백질(DMB 30~45%)과 충분한 필수 아미노산을 제공하여 신체 내 단백질 소모를 줄이는 것이다. 특히 고양이는 다른 동물과 비교할 때 상대적으로 아미노산 대사 능력이 약해서 필수 아미노산이 더 많이 필요하다. 간 질환이 있는 고양이는 음식 중 아르기닌을 DMB 1.5~2.0%, 타우린을 0.3% 이상으로 급식해야 한다.

충분한 지방

일반 지방간과 달리 고양이의 지방간은 충분한 칼로리를 섭취하지 않았을 때 발생한다. 어떤 원인이든 상관없이 식욕이 없을 때는 지방 함량이 높은 음식이 많은 칼로리를 제공하면서 음식을 더 맛있게 만들 수 있다. 고양이 지방간을 예방하고 치료하기 위해서는 지방 함량을 DMB 25% 이상으로 유지해야 한다.

탄소가 8개에서 12개까지 연결된 중사슬지방산이 흡수와 신체 대사를 할 때 상대적으로 간 기능이 많이 필요 없기 때문에 간 문제가 있는 환자에게 재료로 사용하면 간의 부담을 줄일 수 있다. 유제품과 코코넛 오일에 중사슬지방산이 가장 많이 함유되어 있다.

지방 대사 촉진

지방간이란 간에서 과량의 지방을 누적하는 질병이다. 그러므로 지방을 제대로 대사할 수 있도록 도와주어야 지방간을 치료할 수 있다. 지방 대사를 촉진할 수 있는 엘카르니틴을 첨가하면 몸에서 더 많은 지방을 사용할 수 있게 도와준다. 지금까지 고양이 지방간 환자에게는 DMB 0.02% 이상의 엘카르니틴이 필요하다고 알려져 있다. 닭 가슴살, 지방이 많지 않은 돼지고기, 쇠고기와 생선에 엘카르니틴이 많이 함유되어 있다. 고양이 지방간 환자를 위한 음식을 만들려면 필수 영양소를 고려하면서 살코기를 코코넛 오일이나 버터로 요리하는 것이 좋다.

미네랄의 평형

고양이 지방간 환자는 음식을 잘 섭취하지 않으면서 자주 구토 증상을 동반하기 때문에 저칼륨혈증이 나타나는 경우가 많다. 음식 중에 DMB 0.8~1.0%의 칼륨이 함유돼야 하고 필요할 때는 따로 칼륨 보충제를 사용해야 한다.

고양이 지방간의 예방과 치료를 위해서는 식욕이 감퇴하는 정확한 이유를 찾아내야 한다. 질병 때문에 음식을 먹고 싶지 않은 것이라면 빨리 치료를 해야 한다. 치료 과정 중 필요하면 급식관을 사용하면서 음식을 제공해야 더 빨리 완치할 수 있다는 것을 잊지 말자.

간부전

어떤 이유로든 간 기능이 정상적으로 나타나지 못하는 것을 간부전(肝不全)이라고 한다. 혈액 검사상의 간 지수가 높아지면 간 손상이 있다는 뜻이니 간 부담을 줄여야 간이 쉬면서 회복할 수 있다. 간의 기능은 1,500가지 이상이기 때문에 제대로 작용하지 못하면 생명을 잃을 수도 있다.

간 손상의 지표

1. AST(Aspartate Aminotransferase, 아스파르테이트 아미노전이요소)
   GOT(Glutamic Oxalacetic Transaminase)로도 불린다.
2. ALT(Alanine Aminotransferase, 알라닌 아미노전이요소)
   GPT(Glutamic Pyruvate Transaminase)로도 불린다.

AST와 ALT는 간 세포 내에 존재하는 효소로, 간 세포가 손상을 받는 경우에 혈중으로 방출되어 혈중 수치가 증가하게 된다. 급성 간 세포 손상 초기에는 AST가 ALT보다 증가하지만 하루 이틀 뒤에는 ALT가 더 높아진다. 수의사는 AST와 ALT의 결과를 통해서 현재 반려동물의 간 상태를 판단할 수 있다.

❶ 영양 관리

충분한 단백질

단백질은 간 회복에 꼭 필요한 영양소이지만 동시에 단백질의 대사에 간이 중요한 역할을 한다. 따라서 간부전 환자에게는 충분한 단백질을 제공하되 과량의 단백질은 피해야 한다.

단백질을 충분히 섭취하지 않으면 간 회복이 지연되는 것뿐만 아니라 간에서 제조하는 알부민(Albumin)이 모자랄 수 있다. 알부민은 체액 중에 넓게 분포되어 있는 단백질로 신체 내 영양소 운반과 삼투압 조절에 아주 중요한 역할을 하고 있다.

간에서 충분한 알부민을 만들지 못하면 저알부민혈증(Hypoalbuminemia)이 나타나면서 혈장 삼투압을 유지하지 못한다. 부종이 주요 증상이며, 복수, 흉수나 빈혈도 볼 수 있다. 간부전이 일어난 개의 경우 DMB 15~20%, 고양이의 경우 30~35%의 단백질을 제공하는 것이 좋다.

정상적으로 단백질 대사 후에 생성된 암모니아는 간을 통해서 요소로 바뀌어야 하지만 간부전 환자의 경우 간 기능이 부실하여 혈중 암모니아가 증가하면서 정신 신경증상(예를 들어 경련) 및 의식장애가 나타날 수 있다. 이런 증상을 간성뇌증(Hepatic Encephalopathy)이라고 한다. 이런 환자의 경우 단백질을 줄여야 한다. 간성뇌증이 발생한 동안은 단백질을 최대한 감소시키는 것이 좋다. 개는 DMB 10~15%, 고양이는 20~30%로 단백질을 제한해야 간성뇌증의 재발을 예방할 수 있다.

    소화가 잘 되는 단백질을 사용하는 것도 혈중 암모니아를 줄일 수 있는 방법이다. 음식 속에 있는 단백질을 소화 흡수하지 못하면 대장에서 대장 세균이 단백질을 사용하여 더 많은 암모니아를 만들어서 간의 부담이 증가할 수 있다. 지금까지의 연구 결과를 보면 대두 단백질과 유제품(예를 들어 저염 치즈)은 혈중 암모니아의 영향이 제일 적고 간부전 환자에 사용하기 좋다.

지방

간부전 환자는 식욕이 떨어진 경우가 많고 과다한 단백질을 피해야 하므로 지방 함량이 높은 음식을 사용하는 것이 좋다. 그러나 간에서 지방 소화에 필요한 담즙을 제조해야 해서 간 문제가 있는 환자가 가끔 지방 소화력이 떨어진 것을 볼 수 있기 때문에 환자 상태를 보면서 지방 함량을 조절해야 한다. 일반적으로 개나 고양이의 간 질병 환자는 지방이 DMB 20~25% 정도 되는 음식을 주는 것이 좋다. 그리고 앞에 설명한 것처럼 중사슬지방산이 대사할 때 간 부담이 제일 적으니 간 문제가 있는 환자에게는 유제품과 코코넛 오일을 사용하는 것이 좋다.

소금 제한

과한 소금 섭취는 고혈압과 복수를 더 쉽게 일으키므로 간부전 환자에게는 소금을 제한해야 한다. 개는 DMB 0.2~0.625%, 고양이는 0.175~0.75%의 소금을 유지하는 것이 좋다.

항산화제

간이 손상 받으면 많은 양의 미네랄(예를 들어 구리, 철)을 누적하거나 지방이 산화되어 세포를 공격할 수 있는 유리기(Free Radical)가 많아질 수 있다. 이런 유리기는 세포를 공격하면서 더 많은 간 세포를 손상시켜서 상태를 더 나쁘게 만든다. 항산화제는 유리기를 제거하여 간 손상을 예방할 수 있다. 그래서 간 문제가 있는 반려동물에게는 항산화 효과가 있는 비타민 C, 비타민 E를 보충제로 많이 사용하고 있다.

가용성 식이섬유

장 내 세균총(프로바이오틱스)은 분변 중의 질소 폐기물을 사용하며 과량의 질소가 분변을 통해서 몸 밖으로 배설되게 한다. 그래서 혈액 중의 질소 폐기물을 감소시키고 간성뇌증이 쉽게 나타나지 않게 도와준다. 가용성 식이섬유는 장 내 세균의 음식이기 때문에 건강한 장 내 세균을 유지할 수 있도록 충분히 급여하면 간성뇌증을 예방할 수 있다.

사료에 표시된 영양소 함량 중 조섬유는 가용성 식이섬유를 포함하지 않으니 가용성 식이섬유가 얼마나 함유되어 있는지 알고 싶으면 사료 회사 홈페이지에 들어가서 확인하거나 회사에 요청해야 한다. 재료 중 차전자피

(Psyllium Husk), 밀 덱스트린(Wheat Dextrin), 이눌린(Inulin), 프락토올리고당(Fructooligosaccharide) 등의 성분이 가용성 식이섬유이니 확인하고 선택하면 된다.

비타민 보충

간 질환 환자의 경우 비타민의 흡수, 대사와 저장에 모두 영향이 있을 수 있으므로 추가적으로 비타민을 보충해야 한다. 음식의 소화와 흡수는 간 기능과 매우 깊은 관계가 있기 때문에 간 문제가 있으면 수용성 비타민을 충분히 흡수하지 못한다.

집에서 간부전 환자의 음식을 만든다면 추가적으로 비타민 B군도 보충해야 한다. 지용성 비타민 K는 주로 간에 저장되는데 간부전이 일어나면 지방 소화 능력이 떨어지면서 비타민 K의 흡수도 감소한다. 그래서 간부전 환자에게 비타민 K 결핍을 자주 볼 수 있으니 추가적으로 보충하는 것이 좋다.

담석, 담즙찌꺼기, 담즙울체

담석은 담낭(쓸개)에서 결석이 발생하는 증상이고, 담즙울체는 간 세포에서 만들어진 담즙이 간 속이나 바깥의 쓸개 길이 막혀 흐르지 못하고 머물러 있는 질병이다. 둘 다 반려동물에게서 자주 볼 수 있는 질병이다.

담관(쓸개관) 지수

1. ALP(Alkaline Phosphatase, 알칼리성 인산분해효소)
2. GGT(Gamma(γ)-Glutamyl Transferase, 감마-글루타밀 전이효소)

간 세포 내 담관에 존재하는 효소로 담즙 배설 장애를 판단하는 데 사용된다.

담낭 질병 환자는 나이가 많아지면서 부신피질기능항진증, 당뇨병, 갑상선 기능저하증 등 호르몬 질환을 동반하는 경우가 많다. 그러므로 약물이나 음식을 관리하기 전에 다른 질환이 있는지 확인해야 한다. 고지혈증과 고콜레스테롤혈증을 동반하는 경우도 많이 발생하니 음식 중 지방과 콜레스테롤을 제한하는 것이 좋다.

그리고 식이섬유, 특히 가용성 식이섬유가 지방(콜레스테롤 포함)의 흡수를 억제할 수 있으므로 음식으로 충분히 제공하는 것을 권장한다. 타우린은 담즙염의 성분이라서 담즙을 제조할 때 꼭 필요하다. 고양이는 스스로 타우린을 만들지 못하니 담낭 문제가 있을 때는 타우린을 충분히 제공하고 있는지 확인해야 한다.

❶ 담낭 제거 수술 후의 영양 관리

심한 담석의 경우 수술로 담석과 담낭 전체를 제거해야 한다. 담낭이 없어지면 지방을 소화할 수 있는 능력이 감소된다.

담낭의 주요 기능은 간에서 분비된 담즙을 저장하는 것이다. 지방이 함유된 음식을 먹게 되면 담낭은 수축하여 한 번에 많은 담즙을 방출한다. 이런 담낭을 제거하면 간은 그대로 담즙을 제조하고 있는데 담즙을 저장할 수 있는 장소가 없기 때문에 지방을 제대로 소화하지 못한다. 결국 소화하지 못한 지방은 소화기에 그대로 남아서 지방이 섞인 지방변(Steatorrhea) 증상이 나타난다. 지방변이 나타나면 음식 중에 있는 지방을 소화하지 못한다는 뜻이므로 음식 중의 지방을 줄여야 한다.

담낭 제거 수술을 하게 되면 처음에는 최소 권장량의 지방이 함유된 음식을 주고 시간이 지남에 따라 차츰 지방을 증가시키면서 지방변이 나타나기 전까지 지방 함량을 유지하면 된다. 사람처럼 반려동물도 음식 소화에 익숙할 수 있고, 지방을 조금씩 증가시키면 몸에서 스스로 보상작용이 일어나서 정상 음식을 먹어도 지방변이 나타나지 않는 경우도 있다. 몸에 익숙해지는 시간을 충분히 주어야 하니 한 번에 지방 함량을 많이 증가시키지 말고 분변 상태를 계속 지켜보면서 천천히 증가시키도록 한다.

심장 질환의 영양 관리

증상

심장 문제는 나이가 많아지면서 나타나는 신체 노화의 일부이다. 요즘 반려동물의 평균 수명이 점점 증가하면서 심장병의 발생률도 높아지고 있다.

개의 심장병은 주로 심장 판막 질환이고 고양이의 심장병은 주로 확장성 심근병증이다. 심장병의 종류가 다르고 치료하는 약물이 다르지만 영양학 관리상으로는 비슷하다.

심장병의 심각성 정도에 따라 관리하는 방식이 조금씩 다르다. 증상이 나타나기 전부터 음식으로 관리하면 심장 악화 속도가 느려질 수 있다. 그래서 정기적으로 건강 검진을 통해서 질병을 조기 발견하고 치료하는 것이 좋다.

심장병의 정도에 따른 3가지 등급

- **등급 1** 임상 증상이 없는 심장병 환자

    심장 청진이나 초음파 상에는 문제가 있지만 아직 임상 증상이 없는 경우

- **등급 2** 경도에서 중등도의 심장병 환자

    가벼운 운동을 할 때 운동 불내성(Exercise Intolerance), 경미한 호흡 곤란, 기침, 약한 복수(Ascites) 등의 증상이 있는 경우

- **등급 3** 심한 심장병 환자(심부전)

    쉬고 있을 때에도 심각한 호흡 곤란, 심한 복수 등의 증상이 나타난다. 대부분의 시간에 활력이 없고 심인성 쇼크(Cardiogenic Shock)가 나타날 수 있다.

심장병 역시 신장병처럼 일단 생기면 최대한 신체 대사를 유지하면서 더 악화하는 것을 예방만 할 수 있다. 그리고 심장병이 있을 때는 신장병을 동반하는 경우가 많다. 심장 문제가 생기면 정상적으로 신체에 혈액을 제공하지 못하기 때문에 혈액이 많이 필요한 신장이 영향을 제일 많이 받는다. 그래서 심장 환자에게는 약물 치료와 영양 관리를 할 때 신장을 같이 고려해야 한다. 심장 환자와 신장 환자의 관리 원칙을 같이 활용해야 더 좋은 효과를 기대할 수 있다.

영양
관리

소금

심장 판막 문제가 있는 개의 경우 소금을 몸 밖으로 배출할 수 있는 능력이 정상 개의 반으로 떨어진다. 그래서 소금의 섭취량이 많으면 수분이 소금과 같이 몸에 체류하게 된다. 결국 과량의 소금이 몸에 수종과 고혈압을 유발해서 심장 상태를 더 악화시킨다.

심장병의 정도에 따라 소금의 권장량이 다르다. 심각하면 할수록 소금을 더 제한해야 한다. 가능하면 등급 1에서 소금을 제한하기 시작하는 것이 좋다. 등급 1의 개 환자를 위한 소금(나트륨+염소) 권장량은 DMB 0.375~0.625%, 등급 2 이상부터 0.2~0.375%, 심장병이 있는 고양이의 소금 권장량은 0.175~0.75%이다.

심장이나 신장 환자를 위한 음식을 만들 때는 소금을 직접 사용하는 것뿐만 아니라 다른 재료 중에 함유되어 있는 소금도 같이 계산해야 한다. 단백질 음식에는 소금 함량이 다른 음식 재료보다 더 많은 경우가 있기 때문에 육식동물인 고양이에게 단백질을 제공하면서 소금도 같이 급여하게 되는 경우가 있다. 예를 들어 생연어에는 종류에 따라 다르지만 일반적으로 DMB 3% 이상의 소금이 함유되어 있다. 따라서 소금 제한이 필요할 때는 재료 중의 소금도 같이 고려해야 한다.

또 지역에 따라 음수 중 소금의 함유량이 다르지만 이것도 무시할 수 없다. 심한 심장병 환자가 소금을 엄격하게 제한해야 할 때는 소금까지 여과할 수 있는 정수기를 사용하는 것이 좋고 미네랄이 많이 함유되어 있는 생수를 피하는 것이 좋다.

심장병을 예방하기 위해서도 과량의 소금이 함유된 음식을 먹이지 말아야 한다. 아직 반려견이나 고양이를 위한 소금 최대 권장량의 연구 결과는 없지만, 일곱 살부터 반려견의 노화가 시작되기 때문에 심장병이 없어도 심장 초기 환자의 권장량으로 관리하는 것이 좋다.

타우린

타우린이 결핍된 고양이에게 확장성 심근병증이 나타나는 경우가 많아서 타우린을 고양이의 필수 아미노산으로 확정하게 되었다. 이후 많은 연구를 통해서 타우린의 중요성과 권장량을 알게 되었고, 고양이의 확장성 심근병증 발생률도 많이 감소했다. 아직까지 타우린과 심장병의 관계는 정확히 모르지만 모자라면 심근성 심장병이 나타날 수 있다는 점은 확실하다.

건강한 고양이의 경우 음식 중에 건사료는 DMB 0.1%, 캔사료는 0.17% 이상의 타우린이 함유돼야 하고, 확장성 심근병증이 있는 고양이의 경우 0.3% 이상 함유하는 것이 좋다. 다른 종류의 심장병이 있는 고양이에게는 하루 250~500mg의 타우린을 급여해야 한다.

상대적으로 대형 동물(소, 돼지)의 고기에는 타우린이 적게 들어 있고 생선, 닭고기, 동물 간에 많이 함유되어 있다. 야생에서 고양이가 먹을 수 있는 고기에는 대부분 타우린이 많이 함유되어 있어서 야생 고양이에게는 타우린 결핍 문제가 별로 없지만, 집에서 키울 때 타우린이 많이 함유되지 않은 돼지고기나 쇠고기를 주식으로 주게 되면 타우린을 꼭 보충해야 한다.

개는 스스로 타우린을 합성할 수 있어서 일반적으로 타우린 결핍이 일어나지 않는다. 그러나 미국의 연구를 보면 아메리칸 코커 스패니얼과 골든 레트리버가 특별히 타우린 결핍 때문에 심근병증이 나타난 경우가 있어서 두 품종을 키우고 있는 보호자라면 신경을 써야 한다. 다른 대형견, 예를 들면 래브라도 레트리버, 달마시안, 잉글리시 불독 등의 견종도 타우린 결핍의 가능성이 있으니 주재료는 타우린이 함유된 음식을 사용하는 것이 좋다. 심장병이 있는 개의 타우린의 권장량은 DMB 0.1%이고 하루 500~1,000mg을 먹이는 것이 좋다.

기타 영양소

위에 설명한 것처럼 심장병과 신장병이 아주 깊은 관계가 있기 때문에 심장병 진단을 받게 되면 이어서 신장병이 생길 가능성이 매우 높다. 심장병을 관리하면서 신장병을 예방하기 위해서는 Chapter 9의 내용을 같이 관리해야 한다.

과량의 단백질과 인을 피하고 약물 치료 시 칼륨을 특별히 확인해야 한다.

그리고 신장병에 좋은 오메가3는 심장병 환자에게도 좋은 영향을 준다. 특히 생선 오일에 있는 DHA와 EPA가 면역계를 조절하면서 심장병의 발병률과 치사율을 감소시킬 수 있으니 보충하는 것이 좋다.

당뇨병의 예방 및 영양 관리

증상

당뇨병(Diabetes Mellitus)은 혈중 포도당 농도(혈당)가 높은 것이 특징인 질환으로 사람의 경우 크게 2종류로 나뉜다. 제1형 당뇨병은 췌장에서 인슐린(Insulin)의 분비량이 부족해서 혈당이 높게 나타나기 때문에 인슐린을 주사해야 치료가 가능하다. 제2형 당뇨병은 인슐린의 기능이 정상적으로 이루어지지 않는 것으로, 치료하는 방식은 주로 생활 습관(음식, 운동, 체중 관리)을 교정하는 것이며 필요할 때는 약물로 치료해야 한다.

대부분 개의 당뇨병은 인슐린의 분비량이 부족한 것이라서 인슐린 주사로 관리한다. 반대로 고양이는 인슐린 주사가 필요한 당뇨 환자도 있고 필요 없는 환자도 있다.

왜 당뇨병이라고 부를까?

혈당 농도가 정상보다 높은 것을 당뇨병이라고 부르지만 실제로 요에서는 당이 검출되지 않을 수도 있다. 당뇨병이 심각하면 혈당이 너무 높은 나머지 신장에서 재흡수할 수 있는 능력을 초과해서 소변에 섞여 나올 수 있다. 이 병이 처음 발견되었을 때 요에 당이 많은 것을 보고 당뇨병이라고 부르기 시작한 것이다. 후에 더 많은 연구 결과를 통해 당뇨의 진짜 원인은 혈당이 너무 높아서 일어난다는 것을 발견하게 되었다.

당뇨병은 혈당이 높을 때부터 관리를 시작해야 합병증의 발생률을 감소시킬 수 있다. 다른 질병처럼 일찍 발견하고 일찍 관리를 시작해야 수명 연장의 효과를 기대할 수 있다. 당뇨병 자체가 치사율이 높지는 않지만 잘못 관리하면 당뇨병 합병증 때문에 갑자기 실신(저혈당), 실명(당뇨 백내장), 그리고 만성 신부전, 심부전 등 문제가 일어날 수 있기 때문에 매우 위험한 질병이다.

꾸준한 혈액 검사를 통해서 당뇨병을 발견하는 것이 제일 좋지만 집에서 반려동물에게 삼다(三多), '다음(多飮, 과도한 목마름), 다뇨(多尿, 많은 양의 소변), 다식(多食, 배고픔으로 많이 먹게 됨)' 증상이 나타나면 병원에 가서 정확한 진단을 받는 것이 좋다. 삼다 증상은 당뇨병에만 나타나는 것이 아니고 부신피질호르몬의 과잉 분비인 쿠싱증후군(Cushing Syndrome) 등 다른 질병일 가능성도 있으므로 정확한 진단을 받아야 정확한 치료를 실시할 수 있다. 그리고 개와 고양이는 신체 대사상 혈당을 유지하는 방식이 다르기 때문에 당뇨병이 발생했을 때 음식을 관리하는 방식도 다르다.

영양
관리

물

혈당 농도가 높은 당뇨병 환자는 요를 배출할 때 물도 같이 배출되는 다뇨 현상이 나타난다. 요 배출량이 증가하면 결국 신체 내의 수분이 부족해져서 다음(多飮) 증상도 동반한다. 혈당이 높으면 혈액의 점성이 높아져서 목마름의 느낌도 같이 나타날 수 있다. 결론적으로 높은 혈당 때문에 수분을 많이 필요로 하게 되므로 동물 스스로 물을 많이 마시게 된다. 그러므로 당뇨 환자에게는 물을 제한하지 말고 깨끗한 물을 준비해 준다.

음식 중의 수분 함량도 혈당에 영향을 준다. 수분이 많은 캔음식은 똑같은 칼로리를 제공하면서도 식후 혈당을 상대적으로 약하게 증가시켜서 당뇨 환자에게 권장한다. 외국에서 많이 판매하는 반습성 사료(Semi-moist Food)에는 수분이 60% 정도 함유되어 있지만 습윤제(Humentant)와 당류를 많이 첨가하고 있어서 혈당에 매우 안 좋은 영향을 주기 때문에 당뇨 환자에게 반습성 사료를 사용하지 않도록 한다.

탄수화물

탄수화물은 소화되면 다수의 포도당으로 분해되면서 혈당이 증가한다. 육식 동물인 고양이의 혈당은 주로 신체 내에서 단백질과 지방을 사용하여 만들어지기 때문에 과량의 탄수화물이 함유된 음식을 먹으면 혈당이 더 쉽게 높아진다.

당뇨병 환자의 관리 목표는 혈당을 목표 범위 내로 유지하는 것이다. 당뇨병 환자가 혈당을 제대로 조절하지 못하면 합병증이 더 쉽게 나타날 수 있다. 혈당이 높으면 합병증이 쉽게 나타나고, 인슐린을 과다 주사하거나 장시간 급식하지 않으면 혈당이 적게 나타날 때 바로 저혈당으로 실신할 수 있다. 그래서 당뇨병 개는 혈당을 200mg/dL 이하, 고양이는 250mg/dL 이하로 유지하는 것이 가장 안전하다.

음식 중의 탄수화물이 많으면 많을수록 인슐린 주사량도 증가하기 때문에 당뇨 환자를 위한 음식은 탄수화물 함량을 일부러 제한하는 경우가 많다. 정확한 음식의 선택과 급여량, 그리고 인슐린 주사량은 전문가와의 상담과 진단을

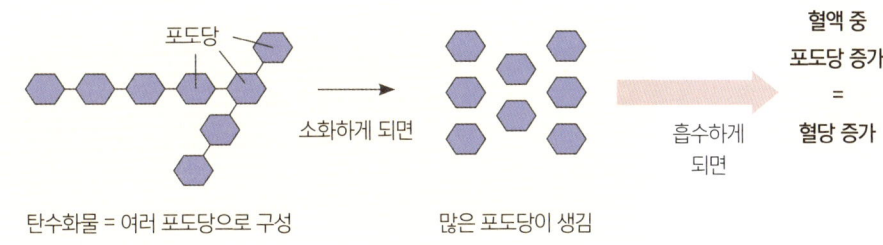

통해서 알 수 있다. 보호자가 집에서 마음대로 음식과 음식의 급여량, 인슐린 주사량을 바꾸는 것은 위험한 발상이다.

고양이는 상대적으로 탄수화물의 소화 능력이 떨어지기 때문에 일부러 고양이가 잘 소화하지 못하는 탄수화물(예를 들어 식이섬유)을 사용해서 고양이 당뇨병 환자를 관리하는 경우도 있다. 환자마다 대사 능력이 다르니 수의사가 혈당 상태를 확인하면서 제일 적합한 관리 방식을 찾아 주어야 한다.

당뇨 환자의 체중 관리

당뇨 환자의 체중은 매우 다양하다. 사람처럼 비만의 경우 당뇨병이 더 쉽게 나타나지만 늦게 발견한 말기 당뇨 환자는 매우 마른 상태가 될 수도 있다. 당뇨 환자도 정상 체중을 유지하는 것이 제일 좋다. 비만이 된 경우에는 다이어트를 시키고 마른 상태의 경우 체중을 증가시켜야 한다.

필자가 사료 회사에서 근무하던 당시 당뇨병을 앓는 반려견 보호자에게 상담 전화가 왔다. 자신의 개가 당뇨병 진단을 받은 후부터 하루 두 번 인슐린 주사와 처방사료를 주었는데, 원래 8kg이던 개가 1년 만에 3kg 정도 빠져 무슨 문제가 있는지 물어보려고 전화를 한 것이다.

임상에서도 이런 환자를 가끔 볼 수 있다. 음식 중 탄수화물이 많으면 혈당이 상승하는 힘이 강하니 혈당을 조절하기 위해 음식 급여량을 줄이고 인슐린도 적게 주사해야 한다. 문제는 음식을 줄이면서 충분히 필수 칼로리를 제공하지 못했을 때로, 이러면 살이 빠지는 경우가 많다. 결국 혈당은 잘 유지하지만 체중이 지속적으로 감소하게 된다.

비만의 경우 적당히 다이어트를 시키면 당뇨 관리 효과를 기대할 수 있지만 과도한 체중 감소는 신체의 다른 기능(예를 들어 면역력, 신장 기능 등)에 악영향을 줄 수 있다. 그러니 먼저 건강 체중의 표준으로 음식 급여량을 계산한 후에 인슐린 주사량은 음식 급여량과 혈당 상태에 따라 조절해야 한다. 건강 체중을 유지해야 오래 살 수 있으니 이유 불명의 체중 상승과 감소가 나타나면 반드시 병원에 가서 정확한 원인을 찾아야 한다.

식이섬유

개나 고양이는 식이섬유를 잘 소화하지 못하기 때문에 영양소의 흡수가 지연되어 혈당 상승을 억제할 수 있다. 점성이 있는 식이섬유는 소화기 내에서 영양소와 소화 세포 중간에 벽을 세우는 역할을 하여 영양소의 흡수를 지연시키는 효과를 낸다. 그래서 음식에 충분한 식이섬유를 첨가하면 혈당을 조절하기 좋다. 점성이 높은 가용성 식이섬유가 불가용성 식이섬유보다 혈당 조절 효과가 더 좋다. 아직까지 당뇨병 환자의 음식 중에 식이섬유를 얼마나 함유해야 할지 정확한 연구 결과는 없지만 칼로리와 필수 영양소를 충분히 제공하면서 식이섬유를 많이 함유한 것이 좋다.

당뇨 환자를 위해 음식을 직접 만들려면 혈당을 항상 확인하면서 인슐린 주사를 조절해야 한다. 가능하면 환자에 가장 적합한 음식과 간식을 선택하고 고정된 양을 동일한 시간에 급여하면서 식단에 맞는 인슐린 주사를 유지하는 것이 좋다. 처음에는 조절하기 어려울 수 있으니 전문 수의사와 함께 계획한다. 음식이나 간식을 바꿀 때마다 혈당을 확인하고 인슐린을 조절하면서 저혈당이나 고혈당이 생기지 않도록 노력해야 한다.

구분	가용성 식이섬유	불가용성 식이섬유
종류	펙틴(Pectin), 검류(Gums)	셀룰로오스(Cellulose), 리그닌(Lignin)
많이 함유된 음식	귀리, 보리, 쌀겨, 사과, 블루베리, 딸기, 키위, 바나나, 차전자피	전곡류, 아마씨, 과일과 채소의 껍질

당뇨 환자에게 좋은 식이섬유

지방

사람 당뇨병 환자를 고지방 저탄수화물 음식으로 관리하면서 인슐린 주사나 혈당 약을 줄이는 케이스를 자주 볼 수 있는데, 아직까지 개나 고양이의 연구 결과에서는 지방 대사 능력이 떨어지는 당뇨 환자가 고지방 음식을 먹으면 고지혈증이나 지방간, 췌장염이 일어나는 경우가 관찰되고 있다. 그래서 고지방 음식을 당뇨 환자에게 주려면 전문 수의사와 상담하면서 꾸준히 혈액 검사와 건강 상태를 관찰해야 한다. 일반적으로 음식 중 지방 함량이 DMB 25% 이하를 유지하면 안전하다.

단백질

당뇨 환자는 신체 내의 탄수화물을 사용하지 못하고 대신 단백질을 많이 사용하게 된다. 따라서 당뇨 환자의 단백질 필요량은 정상 동물보다 높다. 특히 육식동물인 고양이는 혈당이 몸에 있는 단백질로 만들어지므로 당뇨 환자의 경우 신체 단백질을 더 많이 소모한다. 충분한 단백질은 신체 대사를 정상적으로 유지하고 혈당에 적게 영향을 주면서 에너지도 제공할 수 있다. 당뇨 개에게는 DMB 15~35%의 단백질이 적당하고 고양이에게는 28~55%의 단백질이 가장 좋다.

이렇듯 당뇨병은 음식 때문에 일어나고 적당한 음식으로 관리하면 효과를 기대할 수 있다. 물론 여기서 설명하는 음식 관리 방식은 일반적인 원칙이며 개체 차이도 많으므로, 올바른 영양 관리는 전문 수의사의 지시에 따르는 것이 가장 좋은 결과를 기대할 수 있다.

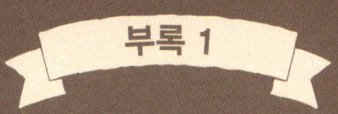

반려동물과 암

반려동물에게 암은 여전히 불치병이라고밖에 생각할 수 없는 것이 현실이다. 사람처럼 수술로 암 덩어리를 제거한 뒤 방사선 치료와 화학요법(Chemotherapy)을 통해서 암의 확산을 막을 수 있지만 보호자가 선뜻 이런 결정을 내리기는 쉽지 않다. 암에 걸린 대부분의 반려동물은 죽게 된다. 반려동물은 사람보다 수명이 짧아서 암세포의 생장 속도도 더 빠르며 악화 속도도 사람보다 빠른 것으로 알려져 있다.

몸 안에서 세포 분열과정을 통해 암세포가 생길 가능성은 항상 있지만, 일단 암세포가 지속적으로 계속 분열할 수 있는 환경이 되어야 진짜 '암'으로 발전한다. 암의 발생 원인은 다양하지만 그중 가장 영향이 큰 것은 바로 유전적인 원인이다. 사람 역시 가족 중에 암에 걸린 사람이 있으면 암에 걸릴 가능성이 더 큰 것으로 알려져 있다. 반려동물도 이는 마찬가지이다.

암에 걸리는 두 번째 원인은 환경이다. 예를 들어 담배를 피우는 보호자가 있으면 사람에게만 영향이 있는 것이 아니라 반려동물도 마찬가지로 피해를 입어 폐암에 걸릴 확률이 높아진다.

세 번째는 바로 이 책의 핵심인 '음식'이다. 암의 발생을 유도할 수 있는 '발암 물질'이 많이 들어 있는 음식을 자주 먹게 되면 암 발생 가능성이 높아질 수밖에 없다. 반대로 항암 효과가 있는 음식과 영양소를 많이 먹이면 상대적으로 암 발생 가능성을 줄일 수 있다.

반려동물이 암에 걸릴 가능성은 아직까지는 "운에 달려 있다"고 말할 수밖에 없지만, 다행히 '암 덩어리'의 생성을 막아 주는 기전이 신체 내부에는 많이 있다. 항암 식품, 몸에 좋은 음식도 좋은 처방이 될 수 있다. 여기서는 음식으로 암을 예방할 수 있는 방법에 대해 알아보자.

음식으로
'암' 예방하기

❶ 발암 물질을 최대한 줄이자

사료, 즉 반려동물 음식 중에 포함된 발암 물질을 줄이는 것이 우선이다. 사실 음식 중에는 발암 물질이 생각보다 많다. 하지만 허용치 내에서 안전 범위를 잘 유지하면 크게 문제가 없다.

우리나라의 사료 검사 항목 중에는 '아플라톡신'(Aflatoxin)이라는 매우 강한 발암 물질이 있다. 아플라톡신은 대개 곡물을 제대로 보관하지 않았을 때 아스페르길루스(Aspergillus) 속(屬) 곰팡이가 생장하면서 생기게 된다. 우리나라에서 판매되는 사료는 필수적으로 아플라톡신 검사를 받기 때문에 걱정이 없지만, 정식 제조 판매제품이 아닌 경우 별도로 검사하지 않을 수도 있기 때문에 주의해야 한다.

또한 상한 부분이나 유효 기간이 지난 음식 재료의 사용을 피해야 한다. 특히 일부 간식류의 경우 제조자가 양심을 속이고 좋지 않은 원료를 쓰는 경우가 있다고 알려져 있어 주의를 기울여야 한다. 최대한 사람도 먹을 수 있는 원료를 사용해야 한다. 임상 현장의 수의사라면 진료 받으러 오는 반려동물의 보호자가 평소에 어떤 간식을 먹이는지, 표기 사항이 명확한지 한번쯤 살펴볼 필요가 있다.

오염으로 발암 물질이 들어가는 경우도 있다. 예를 들어 농약, 살충제 등의 물질이 함유된 원료로 만들어진 음식을 장기간 먹일 경우 암 발생 가능성이 증가하는 것은 당연할 것이다. 그래서 안전한 재료를 선택하고, 요리하기 전에 충분히 씻어야 한다.

발암 물질은 많은 학자들의 연구를 통해서 꾸준히 그 성분이 발표되어 왔다. 예를 들어 WHO(World Health Organization)에서는 2015년 아질산염(Nitrite)을 발암 물질로 발표하였다. 아질산염은 햄이나 소시지 제조 과정에서 색을 붉게 보이게 하는 발색제로 사용되며, 보존제(방부제)로도 사용되고 있다. 무게가 사람에 비해 훨씬 적게 나가는 반려동물은 아질산염이 첨가된 햄, 소시지 등을 장기간 복용하면 좋지 않다.

❷ 조리 방식에 주의하자

고기류(특히 지방이 많은 고기)를 훈제, 직화 구이, 튀김 등 높은 온도로 요리하게 되면 다환 방향족 탄화수소(Ppolycyclic Aromatic Hydrocarbons:

PAH)라고 하는 발암 물질이 생성될 수 있다. 음식을 조리할 때는 굽거나 튀기기보다 찌거나 끓이는 방식이 좋다.

❸ 항암 효과가 있는 영양소를 많이 먹인다

반려동물에게 항암 효과가 있다고 알려진 물질에 대한 연구가 아직 많지는 않지만 대부분 사람에게 항암 효과가 있다고 알려진 물질은 반려동물에게도 효과가 있을 것으로 보고 있다. 항암 작용의 기전은 크게 다를 수 없기 때문이다.

오메가3는 매우 좋은 항암 물질이다. '항염증' 효과가 뛰어난데, 신체 내에 염증이 있을 때 암도 더 쉽게 생길 수 있기 때문에 항염증 효과가 있는 물질로 항암 효과도 기대할 수 있는 것이다.

색이 화려한 채소와 과일(예를 들어 베리, 브로콜리 등)에 항산화 물질이 많이 함유되어 있기 때문에 노화를 예방하면서 항암 효과도 얻을 수 있다. 사료를 주식으로 먹인다면 간식은 이런 채소나 과일로 주도록 노력해 보자. 반려동물 음식을 직접 요리해서 먹일 때는 이런 다양한 색의 채소와 과일 식재료를 많이 사용하면 좋다.

그러나 베리와 브로콜리 등 식물을 재배하면서 농약을 많이 사용했을 가능성도 있으므로 씻을 때는 베이킹소다로 깨끗이 씻는 것이 좋다. 대부분 농약은 산성이기 때문에 알칼리성의 베이킹소다로 씻으면 더 쉽게 제거할 수 있다.

④ 건강한 체중을 유지한다

사람과 쥐의 연구 결과에 따르면 비만일 때는 몸에서 만성 염증이 일어나고 암이 발생할 가능성이 높아진다. 반려동물도 마찬가지로 비만이면 암 발생률이 높아질 것으로 예상된다. 비만은 만병의 원인이 될 수 있으므로 적절한 체중을 유지하는 것은 건강을 유지하는 첫 번째 비결이다.

⑤ 균형 잡힌 영양 섭취

비타민 중에서 과하게 섭취하면 암을 유발할 수 있는 비타민으로는 비타민 A와 엽산, 비타민 B_6, B_{12} 등이 있다. 이런 비타민을 과다 섭취하면 암 발생률이 증가할 수 있으므로 신체에 필요한 양은 보충하면서 과다 섭취하지 않도록 주의해야 한다. 비타민 C, D, E 등은 모자랄 때 암이 발생할 수도 있다고 알려져 있다.

모든 이치와 마찬가지로 영양소도 적절한 균형이 중요하다. 비타민은 몸의 대사 활동에 꼭 필요한 필수 영양소이기 때문에 건강을 유지하려면 음식을 통해서 충분히 섭취해야 하지만 너무 많이 섭취하면 독이 될 수 있다는 것을 꼭 기억해야 한다. 사실 어떤 영양소든 안전 범위 안에서 먹어야 건강하다. 대부분 반려동물 영양소의 최소 필요량은 연구 결과가 어느 정도 나와 있다. 문제는 반려동물을 위한 최대 안전 섭취량에 대한 연구가 많이 부족하다는 데 있다. 개인적으로 최고 안전 섭취량에 대해 가이드가 없는 영양소는 최소 필요량보다 5배 이하로 유지하는 것을 권장한다.

암 환자를 위한
영양 관리

반려동물이 암에 걸렸다면 제일 먼저 생활 중에 암을 유발할 수 있는 원인이 있는지 확인하는 작업이 필요하다. 예를 들어 중성화 수술을 하지 않으면 유방암, 난소암, 고환암, 전립선암, 항문낭암 등이 더 쉽게 걸릴 수 있는 것으로 알려져 있다. 아니면 영양소 균형을 잘 유지하고 있는지 확인이 필요하다.

❶ 탄수화물 줄이기

암세포가 유일하게 사용하는 에너지원이 탄수화물이다. 암 환자에게 탄수화물 섭취량을 늘리면 암세포가 더 빨리 성장한다. 또한 암세포는 탄수화물을 대사하여 젖산(Lactate)을 많이 만들어 낸다. 몸에 젖산이 증가하면 암 조직이 산성화되어 암세포가 자라기에 더 좋은 환경이 된다. 때문에 탄수화물을 많이 먹이면 암의 진행이 빨라지는 악순환이 반복되는 것이다.

따라서 암 환자에게는 탄수화물 섭취를 최대한 줄이는 것이 좋다. 충분한 칼로리를 제공하기 위해서는 탄수화물 대신 단백질이나 지방을 사용한다.

어느 반려견의 예

혈액 검사상 고기 알레르기가 나타나서 보호자가 스스로 집에서 요리해서 먹이고 있는 일곱 살 말티즈가 위암에 걸렸다.

혈액 검사만으로 음식 알레르기가 있다는 것을 확정할 수 있는 것이 아님에도 보호자는 혈액 검사를 믿고 모든 고기에 알레르기가 있다고 생각하여 고기와 달걀을 전혀 주지 않고 쌀, 콩, 채소와 과일만으로 음식을 만들어 주고 있었다.

보호자가 요리해 준 식단으로 영양소를 계산해 보니 특히 비타민 D가 많이 부족한 것으로 나타났다. 위암에 걸린 여러 이유 가운데 하나로 비타민 D 부족일 수도 있는 상황이었다. 통계상으로 우리나라 사람의 70% 정도가 비타민 D가 모자란 것으로 알려져 있다. 비타민이 심하게 모자라면 바로 특정한 질병 증상이 나타날 수 있지만 적은 양의 만성 결핍일 때는 증상은 거의 없으나 암의 발생률은 증가한다.

비타민 D는 음식을 통해서 흡수할 수 있을 뿐만 아니라 햇빛을 통해서 스스로 만들 수 있다. 그러나 이 반려견의 경우 주로 집에 있고 산책을 거의 안 하는 상태라서 음식으로 충분히 보충하지 않으면 비타민 D 결핍이 나타날 수 밖에 없는 상태였다.

그러므로 집에서 반려동물 식사를 직접 만들어 주고 있다면 똑같은 재료만 사용하지 말고 다양한 재료를 사용하기를 권한다. 가능하면 영양소 함유량도 계산하면서 음식을 만들어 준다면 더욱 안전할 것이다.

그중 지방이 그램 당 더 많은 칼로리를 제공할 수 있으므로 식욕이 나쁜 암 환자에게는 지방이 더 좋은 선택이다.

❷ 유방암 환자에게는 호르몬 유사 물질을 주의한다

대두와 대두 제품(두유, 두부) 중에 이소플라본(Isoflavone)이라고 하는 여성 호르몬 유사 물질이 있다. 호르몬과 관련된 암(유방암, 난소암, 전립선암, 고환암, 항문낭암) 환자에게는 식물성 호르몬 성분을 최대한 멀리하도록 한다. 대부분 호르몬과 관련된 암은 호르몬 양이 더 많을 때 암세포 성장 촉진 효과가 있기 때문이다.

❸ 항암 효과가 있는 영양소를 제공한다

과일과 채소, 그리고 품질 좋은 단백질과 지방으로 식단을 구성해야 한다. 각종 베리(블루베리, 체리, 딸기), 십자화과(Brassica) 식물, 즉 배추, 무, 케일, 양배추, 브로콜리 등과 오이, 토마토 등을 충분히 섭취하면서 쉽게 소화할 수 있는 고칼로리 음식을 만들어 주는 것이 좋다.

채소와 과일은 대부분 칼로리가 적어서 어지간히 먹어서는 열량을 충분히 공급하지 못한다. 사람과 마찬가지로 암 환자 대부분이 식욕이 떨어지고 에너지가 모자란 상태이다. 이런 상태에서는 영양소와 칼로리 함량이 높은 음식을 제공하는 것이 가장 중요하다. 그러므로 암세포가 먹이로 잘 사용하지 못하는 지방으로 주요 에너지원을 제공하면서 항암 효과가 있는 과일과 채소의 영양소를 추가하는 것이 가장 좋을 것이다.

사람에게 항암 효과가 있는 것으로 알려진 마늘, 포도, 렌틸콩, 감초, 근대, 양파, 그리고 반려동물에게 무해한지 확인되지 않은 버섯류 등은 반려동물에게 먹이지 않도록 주의한다.

항암효과가 있는 음식 Top 14

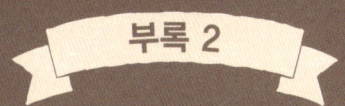

반려동물에게 해로운 음식

개와 고양이에게 해로운 음식

음식	독성 있는 물질	독성 원리	증상	비교
양파, 마늘(날 것, 익힌 것, 분말 모두 포함)	치오설페이트(Thiosulphate)	적혈구 파괴	빈혈, 쇠약, 호흡 곤란	개 고양이 모두에게 적은 양도 문제가 될 수 있음
포도, 건포도		신부전	섭취 12시간 이내에 구토, 설사 또는 혼수상태 등의 증상이 나타남. 개는 점점 무기력해지고 탈수, 식욕 부진이 나타남. 처음 단기간에 배뇨가 증가하다가 점차 배뇨가 감소하거나 배뇨 불가. 신부전에 의한 죽음은 3~4일 내에 발생할 수도 있고, 급성 신부전에 걸려 살아남은 개들도 만성 신부전으로 이어질 수 있음	적은 양도 문제가 될 수 있음 정확한 원인을 연구하는 중
초콜릿, 커피, 차	카페인, 이뇨제, 테오브로민(Theobromine, 메틸잔틴이라는 화학 물질에 속함)	중추 신경 및 심장 시스템을 자극	구토, 갈증, 복부 불편과 불안, 근육 경련, 불규칙한 심박, 고열, 발작, 심한 경우 수 시간 내에 사망할 수 있음	카카오 함량 높은 초콜릿이 더욱 위험(28g 초콜릿은 14kg 체중의 개를 죽일 수 있음)
자일리톨 껌 및 첨가물	자일리톨(Xylitol)	혈당 하강	침울, 신체 조절 기능 상실 그리고 발작. 빨리 조치하지 않으면 죽을 수 있음	
육두구(肉荳蔲, Nutmeg)	미리스티신(Myristicin) 기름 성분		마취 효과, 동공 확대, 비틀거림, 수면 상태 호흡 저하 유발. 고양이가 1.9g/kg 복용 시 반혼수상태, 간의 지방성 변이 초래 (사람이 7.5g 복용 시 어지러움을 느끼고 심한 경우 혼수상태, 사망에 이름)	고양이 (0.5~1ml/kg): 치사량 (0.12ml/kg SC): 간 변이
알코올 음료	개는 인간보다 에탄올에 훨씬 더 민감함		구토, 신체 조정 기능 상실, 방향 감각 상실 등 취한 증상 있거나 혼수상태, 그리고 사망에 이를 수 있음	

음식	독성 있는 물질	독성 원리	증상	비교
빵 반죽	살아 있는 효모	반죽에 들어 있는 효모는 위의 따뜻하고 습한 환경에서 증식하기 좋기 때문에 위의 확장을 초래할 수 있음	복부 팽만, 신체 조절 기능 상실, 방향 감각 상실, 극단적인 경우 혼수상태나 발작이 발생할 수 있음. 알코올 중독이 발생하여 죽음으로 이어질 수 있음	
아보카도 (과일, 및 식물)	퍼신(Persin)	심장, 폐 및 기타 조직의 손상을 일으킬 수 있음	호흡 곤란, 복부 확장, 흉복부 또는 심막에 비정상적인 수분 정체와 같은 임상 증상 발생	개, 고양이, 조류, 토끼, 말 등에게 위험
	기름이 많음	위통, 구토, 심지어 췌장염을 일으킬 수 있음		
깨끗하지 않은 회	바이러스, 세균, 기생충		식욕을 저하시키거나 발작을 일으킬 수 있고, 일부의 경우 죽음까지 초래	생선회가 비타민 B_1 결핍을 초래할 가능성이 있음
덜 익은 토마토 (과일, 식물)	토마틴(Tomatine)	cholinesterase inhibition	혼수, 호흡 곤란, 복통, 구토, 설사 또는 변비, 침을 흘리고, 동공 확장, 마비, 심장 질환, 중추 신경계 증상(예를 들어 운동 장애, 근육 약화, 떨림, 발작), 혼수상태 및 사망	잘 익은 토마토에는 양이 적음
	아트로핀 (Atro pine)		동공 확장, 떨림, 부정맥	아트로핀의 양: 나뭇잎, 뿌리 ➜ 덜 익은 토마토 ➜ 익은 토마토
사과, 체리, 복숭아, 자두, 살구 등 과일의 씨	시안화물(Ccyanide)	Inhibition of cytochrome c-oxidase	동공 확장, 불안, 과환기, 쇼크, 구토, 헐떡거림(Panting), 무호흡 빈맥, 부정맥, 혼수, 피부자극 등	몇 가지는 문제를 일으키지 않을 수도 있지만, 주기적으로 섭취할 경우 축적이 되어서 영향을 끼침
과량의 소금		전해질 불균형을 유발. 땀의 배출이 적어져 체액의 배출 장애로 인한 심장 비대나 신부전 초래	짠 음식을 과다 섭취 시 음수량이 증가해서 위 확장을 일으켜 사망할 수 있음	

음식	독성 있는 물질	독성 원리	증상	비교
기름기 많은 음식(예를 들어 족발, 튀김류)	기름	췌장염, 대장염	구토, 설사	
동물의 간 (날 것, 익힌 것 과다 섭취 시)	비타민 A	비타민 A 중독	뼈의 기형, 팔꿈치와 척추 뼈의 과증식, 체중감소, 그리고 식욕 저하를 초래	
독 버섯		여러 기관에 중독을 일으키는 성분이 있음	복통, 유연, 간 손상, 신장 손상, 구토, 설사, 경련, 혼수 또는 죽음을 초래	
감자 잎과 줄기 (파란색 부분)	솔라닌	소화기, 신경계, 비뇨기계 등에 영향		
마카다미아 (넛츠의 한 종류)		알려지지 않음	뒷다리 쇠약, 통증, 근육 떨림과 마비(최대 48시간 지속), 체온 증가	
상한 음식	곰팡이 독소 (Tremorgenic Mycotoxins)		구토, 떨림, 침울, 신체 조정 기능 상실, 무기력, 식욕 부진, 황달, 심한 경우 사망	
커다란 야채	전체 또는 큰 조각		소화가 잘 되지 않아서 많이 섭취하는 경우 장 폐색을 일으킬 수 있음	
뼈		장 폐색 또는 소화 기관이 찢어질 수 있음		
날달걀의 흰자	아비딘(Avidin)	비타민 B의 흡수를 방해	탈모, 기력 저하, 성장 저하 또는 뼈의 기형을 초래	날달걀 노른자에는 충분한 양의 비오틴(Biotin)을 함유하고 있어서 달걀 전체를 섭취 시 문제를 일으키지 않지만, 달걀 노른자에는 살모넬라균을 함유 할 수 있기 때문에 달걀을 조리해야 함
과량의 곡물		다량 섭취 시 소화 불량		옥수수가 가장 위험

음식	독성 있는 물질	독성 원리	증상	비교
우유 또는 유제품	유당과 지방을 많이 함유함	유당 불내증과 과량의 지방이 설사의 원인이 되며, 알레르기를 유발할 수 있음. 지방이 많아서 췌장염을 일으킬 수 있음	설사, 알레르기	적은 양의 무지방 일반 요거트는 대부분 안전함

▶고양이

음식	독성 있는 물질	독성 원리	증상	비교
생선	불포화 지방산 다량 함유 비타민 E 등 항산화제의 결핍	지질 과산화 및 지방 조직에서 세로이드(Ceroid) 색소의 침 황색지방병(Yellow Fat Disease, 지방 조직 염증)	민첩성을 잃고 움직이기 싫어함. 복부의 촉진을 싫어하고 심지어 가벼운 터치는 통증을 발생시킴. 체온이 올라가고 식욕 부진이 일어날 수 있음	생선을 주식으로 급여할 때만 일어남

위에서 언급하지 않은 음식도 사용할 때는 사람 대비 몸무게를 고려해서 줄 필요가 있다. 예를 들어, 사람은 한 번에 호두 2개 이상은 권장하지 않는다(호두 한 알은 3.5g 정도다). 이를 기준으로 따지면, 몸무게가 3kg인 개의 경우 1/10알 정도만 주는 것이 적당하다. 3kg의 개에게 호두 2개는 60kg의 사람이 41개의 호두를 먹는 것과 비슷하다. 견과류 뿐만 아니라 모든 음식은 과하게 먹으면 독이 되므로 음식을 줄 때 반려 동물의 몸무게를 꼭 고려하길 바란다.

반려동물
영양학